Wenn große Leistungen zu großen Selbstzweifeln führen

AF534554

Wenn große Leistungen zu großen Selbstzweifeln führen

Sonja Rohrmann

Wissenschaftlicher Beirat Programmbereich Psychologie:

Prof. Dr. Guy Bodenmann, Zürich; Prof. Dr. Lutz Jäncke, Zürich; Prof. Dr. Franz Petermann, Bremen; Prof. Dr. Astrid Schütz, Bamberg; Prof. Dr. Markus Wirtz, Freiburg i. Br.

Sonja Rohrmann

Wenn große Leistungen zu großen Selbstzweifeln führen

Das Hochstapler-Selbstkonzept
und seine Auswirkungen

Prof. Dr. Sonja Rohrmann
Institut für Psychologie
Goethe-Universität Frankfurt
Theodor-W.-Adorno-Platz 6
60323 Frankfurt am Main
Deutschland
E-Mail: rohrmann@psych.uni-frankfurt.de

Geschützte Warennamen (Warenzeichen) werden nicht besonders kenntlich gemacht. Aus dem Fehlen eines solchen Hinweises kann also nicht geschlossen werden, dass es sich um einen freien Warennamen handelt.

Bibliografische Information der Deutschen Nationalbibliothek
Die Deutsche Nationalbibliothek verzeichnet diese Publikation in der Deutschen Nationalbibliografie; detaillierte bibliografische Daten sind im Internet über http://www.dnb.de abrufbar.

Dieses Werk einschließlich aller seiner Teile ist urheberrechtlich geschützt. Jede Verwertung außerhalb der engen Grenzen des Urheberrechtes ist ohne Zustimmung des Verlages unzulässig und strafbar. Das gilt insbesondere für Kopien und Vervielfältigungen zu Lehr- und Unterrichtszwecken, Übersetzungen, Mikroverfilmungen sowie die Einspeicherung und Verarbeitung in elektronischen Systemen.

Anregungen und Zuschriften bitte an:
Hogrefe AG
Lektorat Psychologie
Länggass-Strasse 76
3012 Bern
Schweiz
Tel: +41 31 300 45 00
E-Mail: verlag@hogrefe.ch
Internet: http://www.hogrefe.ch

Lektorat: Dr. Susanne Lauri
Bearbeitung: Lydia Zeller, Zürich
Herstellung: Daniel Berger
Umschlagabbildung und Zeichnungen Innenteil: Elisa Scholtes, Bremen
Umschlag: Claude Borer, Riehen
Satz: punktgenau GmbH, Bühl
Druck und buchbinderische Verarbeitung: AZ Druck und Datentechnik GmbH, Kempten
Printed in Germany

1. Auflage 2019
© 2019 Hogrefe Verlag, Bern

(E-Book-ISBN_PDF 978-3-456-95772-2)
(E-Book-ISBN_EPUB 978-3-456-75772-8)
ISBN 978-3-456-85772-5
http://doi.org/10.1024/85772-000

Inhaltsverzeichnis

Zitate

„Ich habe ständig Angst, zu versagen und dass jemand herausfindet, dass ich eigentlich nichts kann."

(Tom Hanks, *1956; US-amerikanischer Schauspieler, Regisseur und Filmproduzent)

„In Wirklichkeit ringe ich damit, etwas zu erreichen. Ich komme mir immer wie ein Betrüger vor."

(Jodie Foster, *1962; Hollywood-Schauspielerin)

„Manchmal wache ich morgens auf, bevor ich zu einem Dreh gehe, und denke: Ich kann das nicht tun. Ich bin eine Betrügerin. Sie werden mich feuern."

(Kate Winslet, *1975; britische Schauspielerin)

„Ich erwarte noch jederzeit, dass die Kein-Talent-Polizei kommen wird und mich verhaftet."

(Mike Myers, *1963; preisgekrönter amerikanischer Komiker; Stern auf dem *Walk of Fame*)

„Hier liegt jemand, dessen Name in Wasser geschrieben war.“

(John Keats, 1795–1821; einer der bedeutsamsten Vertreter der englischen Romantik; der britische Dichter zweifelte zeitlebens an seiner Kompetenz und bat angesichts seines nahenden frühen Todes um diese Inschrift auf seinem Grabstein auf dem protestantischen Friedhof in Rom)

„Ich bin ein Hochstapler.“

(Ace Frehley, *1951; Mitbegründer und ehemaliger Gitarrist der Hard-Rock-Band KISS, mit der er in der *Rock and Roll Hall of Fame* geehrt wurde)

Man könnte noch viele solche Zitate erfolgreicher Personen anführen. Hinter allen steckt das gleiche Phänomen: das Gefühl, eigentlich nichts zu können, falsche Tatsachen vorzutäuschen, ein Hochstapler zu sein. Es handelt sich um hochleistende Personen, die objektive Erfolgsindikatoren wie überdurchschnittliche Leistungsbewertungen, beruflich anspruchsvolle Positionen oder erfolgreiches Wirken im Beruf nachweisen können. Allerdings herrscht eine deutliche Diskrepanz zwischen dem objektiven Erfolg und den subjektiven Versagensgefühlen.

Dieses Phänomen ist wesentlich weiter verbreitet, als man annehmen würde. Insbesondere beruflich Erfolgreiche, aber auch Personen aus deren privatem und beruflichem Umfeld, fühlen sich bei diesem Phänomen angesprochen, zumal mit dem Hochstapler-Selbstkonzept oft negative Auswirkungen einhergehen, die nicht nur die Person selbst betreffen. Es ist daher angezeigt, sich mit der Entwicklung des Selbstkonzepts, seinem Zusammenspiel mit relevanten Persönlichkeitsmerkmalen und seinen Auswirkungen zu beschäftigen, um Interventionsmaßnahmen zu erarbeiten und so Beeinträchtigungen durch dieses Selbstkonzept zu begegnen.

1 Was ist das Hochstapler-Selbstkonzept?

Die Psychotherapeutinnen und Professorinnen Pauline Rose Clance und Suzanne Imes machten im Rahmen ihrer therapeutischen Sitzungen sowie Beratungs- und Trainingstätigkeiten in internationalen Gruppen und College-Klassen an der Universität Georgia, USA, folgende Beobachtung, die sie erstmalig 1978 beschrieben:

Eine Vielzahl erfolgreicher Studentinnen und Frauen, die herausragende akademische Leistungen aufwiesen, Doktortitel erworben hatten, angesehene Koryphäen in ihren unterschiedlichen Berufsfeldern waren und beruflich Karriere gemacht hatten, litten unter starken Selbstzweifeln. Sie neigten dazu, objektive Erfolgsindikatoren (etwa akademische Grade, Auszeichnungen) nicht mit den eigenen Fähigkeiten zu erklären, sondern diese auf übermäßige Anstrengungen oder äußere Umstände (Glück, Zufall, glückliches Timing, gute Beziehungen zu relevanten Personen, Charme oder Fehler, z.B. bei der Auswertung von Leistungstests oder der Einschätzung ihrer Kompetenz) zurückzuführen. Betroffene erfahren laut Clance und Imes (1978) hohe Anerkennung von Kollegen und Autoritäten, seien aber der Überzeugung, sie würden von anderen überschätzt. Objektiv betrachtet gibt es offenbar eine Reihe von Belegen für ihre Kompetenz, ihre hervorragenden Leistungen und Erfolge. Subjektiv schreiben sich diese Personen ihren Erfolg jedoch nicht selbst zu und können ihn nicht internalisieren. Vielmehr haben sie das Gefühl, den Erfolg nicht verdient zu haben. Durch die Diskrepanz zwischen ihrem subjektiven Erleben von Inkompetenz und dem objektiven Erfolg haben diese Personen den Eindruck, eine Maske zu tragen, die vor anderen verbirgt, was tatsächlich hinter ihrer Fassade steckt (vgl. **Abbildung 1-1**). Sie fühlen sich als Betrüger und leben in ständiger Angst, dass ihre Maske fallen und der Schwindel auffliegen könnte, sie also entlarvt würden, sobald ihre vermeintliche Inkompetenz nicht länger verborgen werden könne.

Die mit hohem Erfolg verbundenen Merkmale wie Anerkennung, Macht und Status werden also nicht genossen, vielmehr leiden die Personen darun-

Abbildung 1-1: Personen mit Hochstapler-Selbstkonzept haben das Gefühl, eine Maske zu tragen, die ihre vermeintliche Inkompetenz verbirgt und sie nach außen erfolgreich erscheinen lässt.

ter, weil sie das Gefühl haben, dass sie ihnen in Wahrheit nicht zustehen. Die Erfolgsmerkmale steigern also nicht das Zutrauen in die eigene Leistungsfähigkeit, sondern lösen Versagensängste aus.

Clance und Imes (1978) erkannten, dass sich diese Frauen als Hochstaplerinnen empfanden, fassten ihre Beobachtungen unter dem Begriff „Impostor Phenomenon“ zusammen und führten diesen in die psychologische Fachliteratur ein. Die seitdem ebenfalls häufig in der Literatur zu findende Bezeichnung Impostor-Syndrom bzw. Hochstapler-Syndrom weckt jedoch leicht die Assoziation eines psychischen Störungsbildes (Brems, Baldwin, Davis & Namyniuk, 1994; Klinkhammer & Saul-Soprun, 2009). Der Begriff Syndrom kommt aus dem medizinischen Bereich und kennzeichnet eine Kombination von Symptomen, die typisch für ein bestimmtes Krankheitsbild sind. Obwohl Clance und Imes (1978) das Konzept des Impostor-Syndroms aus ihren Beobachtungen im Zusammenhang mit ihrer psychotherapeutischen Arbeit ableiteten, betonen sie explizit, dass dieses nicht in einer bestimmten diagnostischen Kategorie zu verorten ist, es sich demnach um keine krankhafte Beeinträchtigung oder Persönlichkeitsstörung handelt. Auch im Rahmen anerkannter Systeme zur Klassifikation psychischer Störungen wie der *Internationalen Klassifikation psychischer Störungen. ICD-10, Kapitel V (F)* von Dilling, Mombour und Schmidt (2015) oder dem *Diagnostischen und Statistischen Manual Psychischer Störungen DSM-5®* von Falkai und Wittchen (2015) kann das Hochstapler-Selbstkonzept nicht eingeordnet werden. Ross und Krukowski (2003) hingegen wiesen nach, dass die Persönlichkeitsstörungsskalen im DSM-III-R 30 Prozent der Varianz im Hochstapler-Selbstkonzept-Persönlichkeitsmerkmal erklären und es Gemeinsamkeiten mit der ängstlich-vermeidenden und der abhängigen Persönlichkeitsstörung aufweist, die durch Gefühle von Anspannung und Besorgtheit, Unsicherheit und Minderwertigkeit bzw. ein geringes Selbstbewusstsein, eine depressiv getönte Grundstimmung sowie mangelndes Durchsetzungsvermögen gekennzeichnet sind. In extremer Ausprägung könnte man beim Hochstapler-Selbstkonzept auch von einem Hochstapler-Persönlichkeitsstil sprechen, wenn die hiermit verbundenen Merkmale, Denk- und Verhaltensweisen (die der Betroffene relativ unflexibel und nicht situationsangemessen einsetzt) deutlich vom Durchschnitt abweichen. Ross und Krukowski (2003) etwa betrachten das Hochstapler-Selbstkonzept als maladaptiven Persönlichkeitsstil. Während Persönlichkeitsstörungen schwere, lang anhaltende Störungen der Persönlichkeit darstellen, die verschiedene Bereiche des Lebens betreffen und mit

Verhaltens- und Erlebensmustern einhergehen, die von der sozialen Norm abweichen und mit erheblichen Beeinträchtigungen verbunden sind, sind Persönlichkeitsstile nichtpathologische Entsprechungen dieser Störungen im Sinne von ausgeprägten Neigungen zu bestimmten Verhaltens- und Erfahrensweisen. Die dysfunktionalen Denk- und Verhaltensweisen können in Extremvarianten aber auch Krankheitswert besitzen. Die allermeisten Personen mit Hochstapler-Phänomen bewältigen jedoch ihren Alltag und ihre Arbeit ohne Probleme (siehe auch Sakulku & Alexander, 2011) und zeigen nach außen keinerlei Verhalten, das kulturell erwarteten Normen entgegensteht. Die charakteristischen Denk- und Verhaltensweisen sollten daher – im Sinne eines dimensionalen Konstrukts – als Kontinuum von Persönlichkeitsmerkmal zu Persönlichkeitsstil aufgefasst werden, das nur in seinen Extremausprägungen pathologische Züge hat, sodass die Bezeichnung Hochstapler-Syndrom oder Impostor-Syndrom als inadäquat zu betrachten ist.

Um die Subjektivität des Erlebens, andere dazu gebracht zu haben, die eigene Person für kompetenter zu halten, als sie tatsächlich ist, deutlicher hervorzuheben, findet man in der Literatur (vgl. Kolligian & Sternberg, 1991) auch den Begriff *perceived fraudulence* („empfundener Betrug"). Im Deutschen werden ferner die Bezeichnungen Hochstapler-, Betrüger- oder Schwindler-Phänomen verwendet. Aufgrund der Tatsache, dass diese Bezeichnungen negativ konnotiert sind und auch eine Verwechslung mit dem tatsächlichen Hochstapler (vgl. Kapitel 2) möglich ist, obwohl es sich eigentlich um „Tiefstapler" handelt, empfiehlt es sich, die Bezeichnung Hochstapler-Selbstkonzept zu verwenden, da es sich um ein inadäquates Selbstbild erfolgreicher Personen handelt, das eng mit negativen zentralen Selbstbewertungen zusammenhängt, wie in Kapitel 7 gezeigt wird.

Gemäß Clance und Imes (1978) setzt die Definition eines Hochstapler-Selbstkonzepts voraus, dass objektive Erfolgsnachweise vorliegen. Es konnte nachgewiesen werden, dass in Bezug auf objektive Leistungen keine Unterschiede zwischen Personen mit und ohne Hochstapler-Selbstkonzept bestehen (Cozzarelli & Major, 1990) und sich Personen mit Hochstapler-Selbstkonzept lediglich subjektiv schlechter bewerten. Sie sind also bei objektiv nachgewiesenen Erfolgsmerkmalen durch eine verzerrte negative subjektive Wahrnehmung und Bewertung der eigenen Kompetenz charakterisiert. Eine hohe Kompetenz scheint sogar die Voraussetzung dafür zu sein, ein Hochstapler-Selbstkonzept zu entwickeln, was bereits Zitate von Sokrates, Goethe und Einstein nahelegen:

„Ich weiß, dass ich nichts weiß."

Sokrates, 469–399 v. Chr., der in Platons Apologie an mehreren Stellen seinen Mangel an Wissen thematisiert.

„Mit dem Wissen wächst der Zweifel."

Goethe, 1749–1832
(Von Johann Heinrich Wilhelm Tischbein – Neu abfotografiert im Städel-Museum Frankfurt von Martin Kraft).

„Die übertriebene Wertschätzung meines Lebenswerks beunruhigt mich. Ich fühle mich gezwungen, mich als unfreiwilligen Betrüger zu betrachten."

Einstein, 1879–1955
(Quelle: KEYSTONE/akg-images)

Personen mit Hochstapler-Selbstkonzept sind sich ihrer Wissenslücken bewusst, orientieren sich nach oben und hegen – sich mit anderen Erfolgreichen vergleichend – extreme Selbstzweifel (siehe Fallbeispiel).

Fallbeispiel

Anna M. ist 38 Jahre alt. Sie stammt aus einer Arbeiterfamilie. Sie war in der Schule überaus gut und ihre Eltern waren stets sehr stolz auf ihre hervorragenden Leistungen. Alle Noten außer einer Eins wurden von Anna als Versagen erlebt. Sie setzte sich extreme Leistungsstandards und lernte übermäßig viel, überzeugt davon, dass ihr eigentlich die Kompetenz fehle und sie möglicherweise Versagen durch ausgesprochenen Fleiß verhindern könne. Wer war sie schon? Ein Kind aus einer Arbeiterfamilie. Sie schloss die Hochschulreife mit der Note Eins ab. Ihren Erfolg führte sie auf ihre Beliebtheit bei den Lehrern und ihren hohen Lernaufwand zurück. Ihre Angst vor Misserfolg verfolgte sie auch während des Studiums. Nach einem erfolgreichen Studium und einer anschließenden Promotion mit Auszeichnung gelangte sie bereits mit 30 Jahren auf eine Führungsposition in einem großen Konzern. Sie befürchtete, in dieser gehobenen Position die an sie geknüpften Erwartungen nicht erfüllen und der Verantwortung dieser Position nicht gerecht werden zu können. Seit einigen Jahren ist sie nun eine erfolgreiche, hochgeschätzte Topmanagerin. Doch obwohl sie auf der Karriereleiter hoch oben steht und es objektiv umfangreiche Belege für ihre Kompetenz gibt, glaubt sie, zu Unrecht in diese Position gelangt zu sein und nur Glück gehabt zu haben, übermäßig fleißig zu sein, den richtigen Personen auf ihrem Karriereweg begegnet zu sein oder entscheidenden Personen auf diesem Weg einfach sympathisch gewesen zu sein. Sie ist überzeugt davon, dass andere schlauer und fähiger sind, und befürchtet, dass diese eines Tages merken, dass sie eigentlich nichts kann, dass sie eine Hochstaplerin ist. Sie fühlt sich als Blenderin im Kreis der anderen Führungskräfte (vgl. **Abbildung 1-2**). Anna glaubt, dass andere sie überschätzen. Lob und Anerkennung beschämen sie, da sie das Gefühl hat, andere zu täuschen und zu enttäuschen, wenn eines Tages ans Licht kommt, dass sie in Wirklichkeit nichts kann. Die Angst, irgendwann demaskiert zu werden, verfolgt sie. Als eine Evaluation zur weiteren Beförderung im Konzern ansteht, weicht Anna dieser aus, aus tiefster Überzeugung, dass diese katastrophal ausfallen würde (was dann inkompatibel mit dem Gefühl ihrer Daseinsberechtigung wäre), und bewirbt sich erfolgreich (worüber nur sie selbst erstaunt ist) auf die nächste hochrangige Führungsposition in einem anderen Unternehmen, in der Hoffnung, dort nicht „enttarnt" zu werden.

Abbildung 1-2: Anna M. hat das Gefühl, sich in Kreise eingeschlichen zu haben, zu denen sie nicht gehört.

Klinkhammer und Saul-Soprun (2009, S. 167/168) beschreiben Personen mit Hochstapler-Selbstkonzept wie folgt:

> *„Es handelt sich in der Regel um sympathisch wirkende, zurückhaltende Personen, die lieber in der zweiten Reihe stehen. Sie erscheinen eher unauffällig, aber ohne sie geht gar nichts. Sie scheuen auch vor schwierigen Aufgaben nicht zurück, getrieben von der Angst, die Liebe und Anerkennung von anderen Menschen zu verlieren, wenn sie keine besondere Leistung bringen. Es fällt ihnen allerdings schwer, zu genießen und zu feiern. [...] Ihre Leistungsfähigkeit ist allseits bekannt. [...] Lob oder Bewunderung weisen sie aber ehrlich bescheiden zurück und sagen, sie hätten nur getan, was der Sache dienlich gewesen sei, und außerdem hätten sie von allen Seiten Unterstützung und Hilfe bekommen. Ihr Hauptbemühen richtet sich danach, auf keinen Fall auffällig zu machen, welches vermeintliche Geheimnis sie hüten."*

Ergänzend beschreibt Clance (1988, S. 37):

> *„Nur selten erfahren sie die Freude, die Befriedigung und das Gefühl der Erfüllung, das sich normalerweise mit dem Erfolg einstellen müsste. Ihre Symp-*

tome können in unnatürlich hohem Elend, großer Angst und Depression gipfeln. Zeitweise sind die Opfer völlig hilflos und ohne Hoffnung. Was ich auch tue – es ist nicht genug. Ein wirklicher Erfolg wird mir nie zuteil, denken sie. Sie schämen sich ihrer Zweifel und halten ihre Empfindungen gewöhnlich geheim."

Beim Hochstapler-Selbstkonzept handelt es sich um ein Persönlichkeitsmerkmal mit mehreren Facetten (vgl. Clance, 1985; Clance & Imes, 1978; Clance & O'Toole, 1988; Harvey, 1981). Die drei zentralen Facetten sind:

1. die Überzeugung, die Umwelt über die eigenen Fähigkeiten getäuscht zu haben, von anderen überschätzt zu werden und in Wirklichkeit nicht so kompetent zu sein, wie andere annehmen.
2. die Ursachenzuschreibung von Erfolg auf externale Faktoren wie gutes Timing, Charme oder auch Glück und nicht auf die eigenen Fähigkeiten. Lob und Anerkennung werden daher in der Überzeugung abgewiesen, diese nicht zu verdienen. Evidenzen und Fakten, die den Annahmen über die eigene Unfähigkeit widersprechen würden, werden negiert.
3. die Angst, eines Tages als Hochstapler entlarvt zu werden und an einer Aufgabe zu scheitern, sodass der Umwelt die vermeintliche Inkompetenz offenbart würde.

In ihrem Buch *The Impostor Phenomenon – Overcoming the Fear that Haunts Your Success* beschreibt Clance (1985) sechs charakteristische Komponenten des Hochstapler-Selbstkonzepts. Eine Person mit Hochstapler-Selbstkonzept muss dabei aber nicht alle Komponenten aufweisen. Nach der Konzeption von Clance (1985) handelt es sich um ein Hochstapler-Selbstkonzept bereits beim Vorliegen von zwei Komponenten. Je mehr Komponenten nachzuweisen sind, desto ausgeprägter ist das Hochstapler-Selbstkonzept. Die sechs Komponenten werden im Folgenden näher beschrieben:

- Hochstapler-Zyklus
- Das Bedürfnis, außerordentlich, der/die Beste zu sein
- Superfrau-/Supermann-Komplex
- Angst vor Misserfolg
- Angst vor und Schuldgefühle bei Erfolg
- Leugnung eigener Kompetenz, Abwertung von Lob

Hochstapler-Zyklus

Der Zyklus, in dem sich Personen mit Hochstapler-Selbstkonzept befinden, gleicht nach Clance (1985) einem Teufelskreis (vgl. **Abbildung 1-3**).

Personen mit Hochstapler-Selbstkonzept reagieren auf Leistungssituationen mit Angst, Selbstzweifeln und Besorgnis. Sie befürchten, die Anforderungen nicht gemäß den eigenen hohen Ansprüchen erfüllen zu können bzw. von anderen demaskiert zu werden, wenn offenkundig wird, dass sie sich nicht als so kompetent erweisen, wie andere Personen sie einschätzen.

Zur Bewältigung dieser leistungsbezogenen Ängste werden dann häufig zwei Bewältigungsstrategien bzw. Verhaltensalternativen eingesetzt: Leistungsbezogenen Aufgaben wird anfänglich entweder mit exzessiver Vorbereitung oder aber mit anfänglichem Aufschieben (Prokrastination) begegnet. Beide Bewältigungsstrategien dienen dem Schutz des Selbstwerts:

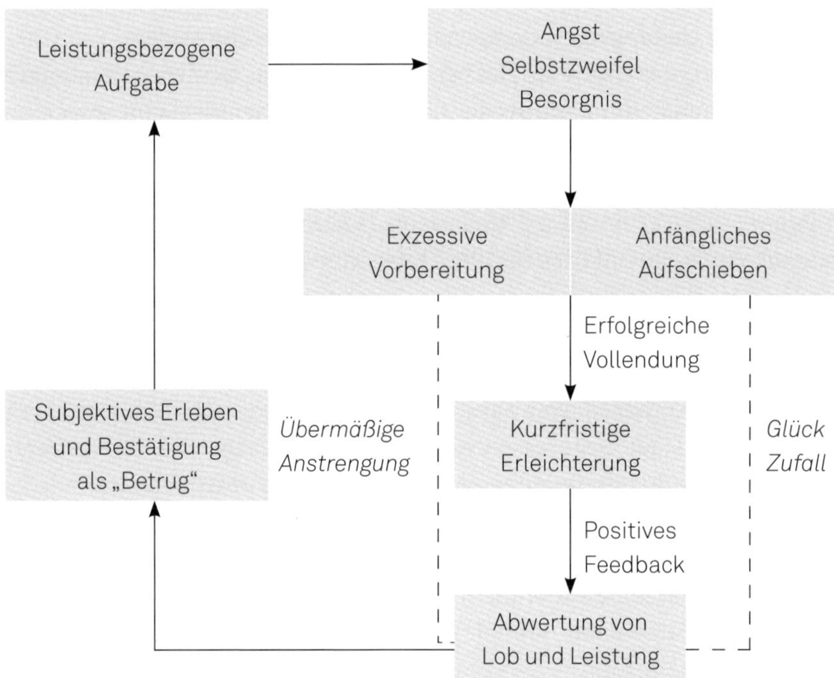

Abbildung 1-3: Der Hochstapler-Zyklus basierend auf Clance (1985), der mit der Ankündigung einer Leistungsaufgabe beginnt.

Durch übertriebenen Arbeitseinsatz soll Misserfolg vermieden werden, während bei anfänglichem Aufschieben potenzieller Misserfolg auf die zu knappe Vorbereitungszeit attribuiert werden kann. Nur kurzfristig tritt bei Erfolg Erleichterung ein. Die eingesetzten Bewältigungsstrategien verhindern gewissermaßen, dass Erfolg selbstwertdienlich attribuiert werden kann. Im Falle von perfektionistischem Arbeitsverhalten wird Erfolg abgewertet und auf die übermäßige Anstrengung zurückgeführt, bei prokrastinierendem Arbeitsverhalten wird der Erfolg durch Glück und Zufall erklärt. Subjektiv wird die erfolgreiche Leistung als „Betrug" erlebt. Man hat es mal wieder geschafft, andere erfolgreich zu täuschen. Es wächst auch nicht die Zuversicht, beim nächsten Mal die Leistungsanforderung bewältigen zu können. Stattdessen wird befürchtet, die Erfolge nicht wiederholen zu können. Bei jeder Leistungsanforderung wird der Hochstapler-Zyklus erneut durchlaufen und stabilisiert und intensiviert sich somit von selbst. Personen mit Hochstapler-Selbstkonzept sind fest davon überzeugt, ohne diese Strategien nicht zum Ziel zu kommen, sodass ein Teufelskreis entsteht, der von den Betroffenen nur schwer durchbrochen werden kann.

Diesen Hochstapler-Zyklus, der in Anforderungssituationen in Gang gesetzt wird, befeuern noch fünf weitere Komponenten, die sich wechselseitig beeinflussen und verstärken, wenn betroffene Personen mit Leistungsanforderungen konfrontiert werden:

Das Bedürfnis, außerordentlich, der/die Beste zu sein

Personen mit Hochstapler-Selbstkonzept haben das Bedürfnis, über andere herauszuragen, außerordentlich bzw. der/die Beste zu sein. Sie möchten im Vergleich zu ihren Peers die Besten sein. Viele gehören in ihrer Kindheit und Jugend zu den Klassenbesten. Die Grundlage für Hochstapler-Gefühle scheint mit der Annahme eines äußeren Leistungsbezugsrahmens zusammenzuhängen. Mit einem Wechsel dieses Bezugsrahmens in einen größeren Bezugsrahmen zusammen mit höheren Anforderungen im Studium oder Arbeitsleben werden diese Personen dann unter Umständen damit konfrontiert, dass es auch andere gibt, die herausragende Leistungen erbringen und sie nur eine unter vielen herausragenden Personen sind. Nur *unter* den Besten statt *der/die* Beste zu sein, wird als Inkompetenz oder sogar Versagen erlebt.

Superfrau-/Supermann-Komplex

Das Bedürfnis, der/die Beste zu sein, und der Superfrau- bzw. Supermann-Komplex hängen eng zusammen und haben mit einem Hang zum Perfektionismus zu tun (Clance, 1985). Personen mit Hochstapler-Selbstkonzept setzen sich extrem hohe Leistungs- und Bewertungsstandards und erwarten von sich, alles mit Leichtigkeit, fehlerfrei und bis zur Perfektion zu schaffen. So erwarten sie von sich etwa, Prüfungen ohne großen Lernaufwand und mit Bestnoten zu bestehen. Diese überhöhten Selbstansprüche stellen eine Selbstüberforderung und starke Belastung dar, da die perfektionistischen Ziele praktisch nicht erreichbar sind.

Angst vor Misserfolg

Die extreme Angst vor Versagen in Leistungssituationen ist eines der zentralsten Merkmale des Hochstapler-Selbstkonzepts (Clance & O'Toole, 1988). Der Gedanke, versagen zu können, ist für Betroffene unerträglich, beschämend und demütigend. Es wird befürchtet, andere könnten die Person in diesem Falle für inkompetent halten. Die Angst vor Misserfolg treibt sie zu übermäßig harter Arbeit und Überanstrengung an, um Versagen zu vermeiden. Dabei werden Leistungen im Durchschnittsbereich bereits als Misserfolg gewertet. Versagen – und wenn auch nur in einer einzelnen Leistungssituation – stellt nicht nur die Leistungsfähigkeit insgesamt, sondern den Wert der Person an sich infrage. Die Angst vor Misserfolg stellt eine ständige hohe Belastung dar, zumal der Erfolg mitunter sogar an die Existenzberechtigung der Person geknüpft wird.

Angst vor und Schuldgefühle bei Erfolg

Personen mit Hochstapler-Selbstkonzept befürchten, Erfolg könne mit negativen Konsequenzen verbunden sein. Bei Erfolg besteht etwa die Sorge der Ablehnung durch andere (wie etwa Familienmitglieder, Peers oder Kollegen) aufgrund von Missgunst oder Anderssein. Das ist insbesondere dann der Fall, wenn der Erfolg untypisch ist für das Geschlecht, die Herkunftsfamilie (etwa eine erfolgreiche Studentin aus einer Nicht-Akademikerfamilie), das Umfeld oder die Ethnie des Betroffenen. Auch McIntosh (1985) postulierte, dass das Hochstapler-Selbstkonzept oft bei Personen zu finden sei, die in einer Hierarchie aufsteigen, in welche sie per gesellschaftlicher Definition nicht gehören. Nach Klinkhammer und Saul-Soprun (2009) steigt mit der Karriereleiter auch die Ausprägung des Hochstapler-Selbstkonzepts, da die Angst vor vermeintlicher Demaskierung zunimmt. Häufig ist Erfolg sogar mit Schuldgefühlen verbunden. Auch werden steigende Verantwortlichkeiten und Erwartungen aufgrund des Erfolgs gefürchtet, denen vermeintlich nicht entsprochen werden kann.

Leugnung eigener Kompetenz, Abwertung von Lob

Personen mit Hochstapler-Selbstkonzept haben Schwierigkeiten, ihren Erfolg zu internalisieren und Lob als valide anzuerkennen. So erkennen sie gute Leistungen und Erfolge nicht als Beleg für die eigene Kompetenz an, sondern leugnen sie vor sich selbst und anderen. Die Bestätigung, kompetent zu sein, wird zwar ersehnt, aber das Lob anderer wird als Freundlichkeit verbucht. Objektive Beweise hierfür werden abgewertet oder entkräftet. Stattdessen fokussieren Betroffene auf externale Gründe, wie etwa Glück, Charme, gutes Aussehen oder Fehleinschätzungen (Chae, Piedmont, Estadt & Wicks, 1995; Harvey, 1981; Thompson, Davis & Davidson, 1998; Topping & Kimmel, 1985), die belegen, dass ihnen das Lob nicht zusteht. Aus der Überzeugung heraus, Erfolge nicht verdient zu haben, wird die Anerkennung nicht akzeptiert. Lob scheint den Eindruck zu bestätigen, eine Maske zu tragen, es geschafft zu haben, der Umwelt ein falsches Bild von sich vermittelt zu haben. Das Hochstapler-Selbstkonzept ist also kein Ausdruck falscher Bescheidenheit (Sakulku & Alexander, 2011).

Einige Personen erbringen objektiv hervorragende Leistungen, sind subjektiv aber davon überzeugt, Betrüger zu sein und von anderen überschätzt zu werden. Ihre Erfolge führen sie – statt auf eigene Kompetenz – auf externe Faktoren (etwa Glück) zurück. Sie leben in ständiger Angst, dass eines Tages ihre vermeintliche Inkompetenz von anderen entlarvt wird. Clance and Imes (1978) bezeichneten diese Personen als Impostor. Es handelt sich hierbei um ein dimensional aufzufassendes Persönlichkeitsmerkmal, das – auch begrifflich – ausdrücklich von einer psychischen Störung und Hochstapelei (vgl. Kap. 2) abzugrenzen ist und daher als Hochstapler-Selbstkonzept bezeichnet wird.

In leistungsbezogenen Anforderungssituationen wird bei Personen mit einem Hochstapler-Selbstkonzept ein **Kreislauf** in Gang gesetzt, indem Angst und Selbstzweifel ausgelöst werden, denen mit Perfektionismus bzw. Prokrastination begegnet wird (Clance, 1985). Diese inadäquaten Bewältigungsstrategien verhindern bei Erfolg, dass sich die Person selbst Kompetenz zuschreiben kann, und stabilisieren und intensivieren letztlich den Teufelskreis, in dem sie sich befindet. Menschen mit Hochstapler-Selbstkonzept haben **das Bedürfnis, außerordentlich zu sein, sie wollen herausragen. Es reicht ihnen nicht aus, unter den Besten zu sein.** Vielmehr sind sie durch einen **Supermann-/Superfrau-Komplex** charakterisiert. Sie haben **Angst vor Misserfolg**, der ihren Wert als Person infrage stellen würde. Gleichzeitig haben sie aber auch **Angst vor Erfolg** und hiermit verbundenen möglichen negativen Konsequenzen wie Ablehnung durch andere oder hohe weitere Erwartungen von anderen. Sie **leugnen ihre eigene Kompetenz** und entwickeln sogar **Schuldgefühle bei Erfolg**, der ihnen doch nach ihrer eigenen Vorstellung gar nicht zusteht.

2 Was unterscheidet eine Person mit Hochstapler-Selbstkonzept von einem Hochstapler?

Als Hochstapler werden Personen bezeichnet, die vorgeben, etwas zu sein oder zu haben (etwa einen bestimmten gesellschaftlichen Rang, eine bestimmte berufliche Ausbildung oder Position, ein hohes Vermögen), ohne dass dieses den Tatsachen entspricht, um sich hierdurch Vorteile zu verschaffen (etwa ein höheres Ansehen, eine bestimmte berufliche Position). Im beruflichen Kontext spielen Täuschungen bzgl. des akademischen Grades, Datenmanipulation oder Ideenraub häufig eine zentrale Rolle (Klinkhammer & Saul-Soprun, 2009). Es handelt sich bei Hochstaplern um Personen, die mehr scheinen wollen, als sie sind, und deren Handlungen mitunter sogar Straftatbestände (wie Amtsanmaßung, Betrug, Urkundenfälschung, Missbrauch von Titeln oder Berufungsbezeichnungen) erfüllen. Unter Vortäuschung falscher Tatsachen bringen es diese Personen oft zu beeindruckenden Karrieren.

Ein in Deutschland populär gewordener Fall hierzu ist der von Gerd Postel. Postel erhielt die Mittlere Reife und ist gelernter Postzusteller. Er erlangte Bekanntheit als Hochstapler in erster Linie durch mehrfache Anstellungen als falscher Arzt, zum Teil in leitenden Positionen auf der Basis gefälschter Urkunden (Abitur, Approbation). In einem Auswahlverfahren zu einer solchen Position hielt er kurioserweise einen überzeugenden Vortrag zum Thema „Die pseudologica phantastica – Die Lügensucht im Dienste der Ich-Erhöhung". 1999 wurde er vom Landgericht Leipzig wegen mehrfachen Betruges, Urkundenfälschung, Täuschung und Missbrauchs von Titeln zu einer mehrjährigen Freiheitsstrafe verurteilt. Während seiner Inhaftierung schrieb Postel seine Biografie, die 2001 als Buch *Doktorspiele – Geständnisse eines Hochstaplers* publiziert wurde. Der Titel ist an den 1954 publizierten Roman *Bekenntnisse des Hochstaplers Felix Krull* von Thomas Mann angelehnt, der auf die Memoiren des Hochstaplers Georges Manolescu (1871–1908) zurückgeht.

Ein weiteres berühmtes Beispiel eines Hochstaplers ist Frank William Abagnale (geb. 1948). Abagnale wurde Ende der 1960er-Jahre als Scheckbetrüger und Hochstapler in den USA bekannt. Abagnale gab sich als Arzt, Kopilot der Fluggesellschaft Pan American World Airways und Rechtsanwalt aus. Noch vor seinem 21. Lebensjahr brachte er durch Scheckbetrügereien 2,3 Millionen Dollar an sich. Er erlangte weltweite Berühmtheit durch die Hollywood-Verfilmung seines Lebens, *Catch Me, If You Can,* im Jahr 2002 mit Leonardo DiCaprio in der Hauptrolle.

Bei den beschriebenen Fällen handelt es sich um tatsächliche Betrüger und Hochstapler im juristischen Sinne. Ihre Erfolge beruhen auf der Vortäuschung falscher Tatsachen. Personen mit einem Hochstapler-Selbstkonzept sind jedoch das genaue Gegenteil. In Analogie zu den Hochstaplern könnten sie als *Tiefstapler* bezeichnet werden. Obwohl sie völlig verdient und rechtmäßig zu Erfolg gekommen sind, haben sie das Gefühl, sich ihre Erfolge bloß erschlichen und andere hinsichtlich ihrer Fähigkeiten getäuscht zu haben. Tatsächlich haben sie keinen Hang zur Hochstapelei im juristischen Sinne, sondern neigen sogar weniger als andere Personen zum betrügerischen Verhalten. Dies konnte in einer Studie von Ferrari (2005) an Studierenden belegt werden, in welcher der Zusammenhang zwischen dem Hochstapler-Selbstkonzept und akademischem Verhalten wie Verständnis und Anwendung von Plagiaten sowie betrügerischem Verhalten untersucht wurde. Der vermeintliche Schwindel von Personen mit Hochstapler-Selbstkonzept bezieht sich im Unterschied zu echten Hochstaplern nachweislich also lediglich auf ein subjektives Erlebensmuster: das Gefühl, ein Hochstapler zu sein (vgl. **Abbildung 2-1**).

An dieser Stelle sei noch kurz auf eine im Vergleich zum Hochstapler-Selbstkonzept umgekehrte, verzerrte subjektive Bewertung und Wahrnehmung der eigenen Person eingegangen: den Dunning-Kruger-Effekt (vgl. **Abbildung 2-2**). Kruger und Dunning (1999) wiesen nach, dass in bestimmten Situationen (z. B. beim Schachspielen) Unwissenheit mit mehr Selbstvertrauen einhergeht. Es gibt relativ inkompetente Personen, die die Tendenz haben, das eigene Können zu überschätzen, bzw. sich der eigenen Inkompetenz nicht bewusst sind sowie die Kompetenz anderer nicht erkennen bzw. diese unterschätzen.

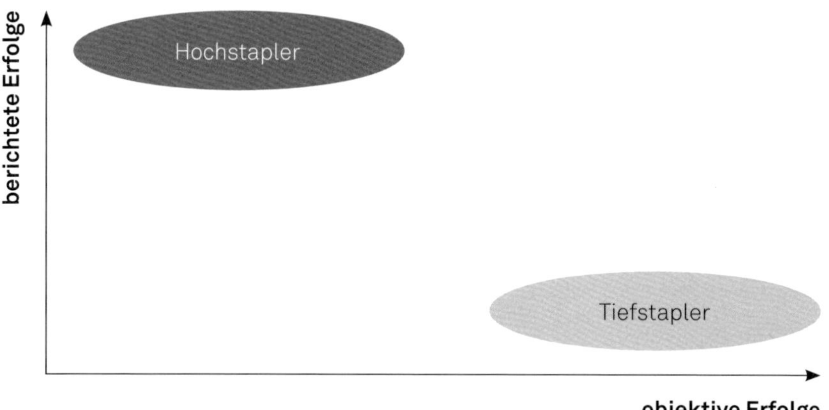

Abbildung 2-1: Während Hochstapler vorgeben, erfolgreich zu sein, was nicht den Tatsachen entspricht, sind Tiefstapler (d.h. Personen mit einem Hochstapler-Selbstkonzept) durch objektive Erfolge charakterisiert, die sie sich selbst nicht zuschreiben.

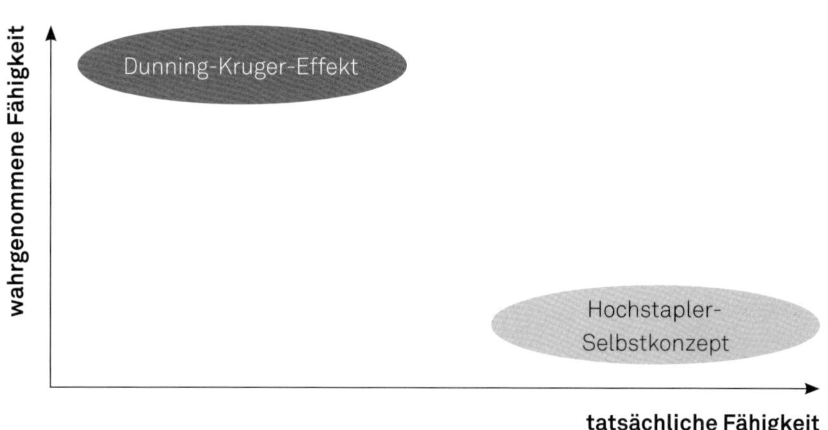

Abbildung 2-2: Umgekehrte Diskrepanz der wahrgenommenen und der tatsächlichen Fähigkeit beim Dunning-Kruger-Effekt und beim Hochstapler-Selbstkonzept.

Personen mit Hochstapler-Selbstkonzept sind das genaue Gegenteil von Hochstaplern, man könnte sie als **Tiefstapler** bezeichnen.

Während es beim Dunning-Kruger-Effekt zur Überschätzung der eigenen Fähigkeiten kommt, unterschätzen Personen mit Hochstapler-Selbstkonzept ihre eigenen Fähigkeiten.

3 Wie lässt sich das Hochstapler-Selbstkonzept erfassen?

Es gibt verschiedene vorwiegend englischsprachige Fragebögen, durch die auf der Basis von Selbstberichten die Ausprägung des Hochstapler-Selbstkonzepts erfasst werden kann, wie etwa die Harvey Impostor Phenomenon Scale (HIPS; Harvey, 1981), die Clance Impostor Phenomenon Scale (CIPS; Clance, 1985), die Perceived Fraudulence Scale (PFS; Kolligian & Sternberg, 1991) oder die Impostor Scale (IS; Leary, Patton, Orlando & Funk, 2000).

Die CIPS von Clance (1985) wurde methodisch am besten evaluiert, stellt das weitverbreitetste Messinstrument zur Erfassung des Hochstapler-Selbstkonzepts dar und konnte sich gegenüber den anderen genannten Instrumenten durchsetzen, zumal es sich um einen sehr ökonomischen Fragebogen handelt. Im Vergleich zur ebenfalls häufig eingesetzten HIPS ist die CIPS das sensiblere und zuverlässigere Instrument und unterscheidet besser zwischen Personen mit und ohne Hochstapler-Selbstkonzept (Holmes, Kertay, Adamson, Holland & Clance, 1993). Die positiv formulierten Items führen zudem zu offeneren Antworten in der Selbstbeurteilung (Chrisman, Pieper, Clance, Holland & Glickauf-Hughes, 1995).

Die CIPS (Clance, 1985; deutsche Übersetzung in Clance, 1988) ermöglicht eine Erfassung des Hochstapler-Selbstkonzepts über verschiedene Bereiche (Angst vor Bewertung; Angst vor Versagen; Attribution von Erfolg auf Glück, Fehler oder Charme; das Verlangen, herauszustechen; das Gefühl, anderen einen falschen Eindruck vermittelt zu haben; die Abwertung der Anerkennung von anderen), wobei drei grundlegende Facetten des Hochstapler-Selbstkonzepts postuliert wurden: *Schwindel* (Selbstzweifel und Sorgen über die eigenen Fähigkeiten), *Zufall* (die Überzeugung, dass Leistungen nicht auf eigene Fähigkeiten zurückzuführen sind) und *Herabsetzung* (die Unfähigkeit, Lob anzunehmen und sich gute Leistungen einzugestehen). French et al. (2008) kommen jedoch zu dem Ergebnis, dass sich die drei Faktoren in einer konfirmatorischen Faktorenanalyse nicht abbilden lassen. Die CIPS besteht aus 20 Fragen, die auf einer 5-stufigen Skala von 1 = „trifft nicht zu“ bis 5 = „trifft absolut zu“ zu beantworten sind, wie etwa:

- Ich habe oft bei einem Test oder einer Aufgabe Erfolg gehabt, obwohl ich vorher Angst hatte, zu versagen.
- Ich kann den Eindruck erwecken, kompetenter zu sein, als ich bin.
- Wenn möglich, vermeide ich, jemanden zu beurteilen, und mir graut davor, beurteilt zu werden.
- Wenn Leute mich wegen einer Leistung loben, fürchte ich, ihren Erwartungen in Zukunft nicht entsprechen zu können.
- Manchmal denke ich, meine gegenwärtige Position oder meinen momentanen Erfolg erlangt zu haben, weil ich zur richtigen Zeit am richtigen Platz war oder die richtigen Leute kannte.
- Ich habe Angst, dass Leute, die mir wichtig sind, herausbekommen, dass ich nicht so fähig bin, wie sie glauben.
- Ich neige dazu, mich mehr an meine weniger guten als an meine besten Leistungen zu erinnern.
- Ich erledige selten ein Vorhaben oder eine Aufgabe so gut, wie ich gern möchte.
- Manchmal spüre oder glaube ich, dass der Erfolg in meinem Leben oder meinem Beruf auf einem Irrtum beruht.
- Es fällt mir schwer, Komplimente oder Lob wegen meiner Intelligenz oder meiner Leistungen entgegenzunehmen.

Mit diesem Fragebogen kann bestimmt werden, ob und in welchem Ausmaß Personen Charakteristika des Hochstapler-Selbstkonzepts aufweisen. Durch Aufsummieren der Itemwerte resultiert ein Gesamtscore auf der CIPS, anhand dessen Clance (1985) eine Kategorisierung des Hochstapler-Selbstkonzepts von vier Ausprägungsgraden (kein Hochstapler-Selbstkonzept bzw. eine leichte, mittlere bzw. starke Ausprägung im Hochstapler-Selbstkonzept) vorschlägt. Je häufiger und je intensiver den Fragen des Fragebogens zugestimmt wird, desto stärker ausgeprägt ist hiernach das Hochstapler-Selbstkonzept.

Chrisman et al. (1995) zeigten, dass sich das Impostor-Phänomen, welches mit der CIPS gemessen wurde, von Merkmalen wie Depression, Selbstwert, Selbstkontrolle und sozialer Ängstlichkeit abgrenzen ließ, was die diskriminante Validität des Verfahrens belegte.

Die Validität der deutschen Übersetzung der CIPS wurde von Brauer und Wolf (2016) nachgewiesen.

Aktuell liegt für den deutsprachigen Raum lediglich die Übersetzung der CIPS vor (Clance, 1988), jedoch ohne entsprechende Normstichprobe. Um diese Forschungslücke zu schließen, findet sich derzeit ein deutschsprachiger Fragebogen in Entwicklung (Rohrmann, Klug & Leonhardt, Hogrefe, in Vorbereitung). Mit diesem Verfahren soll es künftig möglich sein, das Hochstapler-Selbstkonzept auch im deutsprachigen Raum zuverlässig und ökonomisch zu erfassen und die Ergebnisse in Bezug zu einer Referenzgruppe interpretieren zu können.

Das am weitesten verbreitete und methodisch überzeugendste Messinstrument zur Erfassung des Hochstapler-Selbstkonzepts stellt die Clance Impostor Phenomenon Scale (CIPS, Clance, 1985) dar, wobei sich die grundlegenden Facetten Schwindel, Zufall und Herabsetzung empirisch nicht bestätigen ließen. Für den deutschen Sprachraum liegt lediglich eine Übersetzung der CIPS vor und es mangelt an einer entsprechenden Normstichprobe. Daher befindet sich derzeit ein deutschsprachiges Inventar zur Erfassung des Hochstapler-Selbstkonzepts in der Entwicklung (Rohrmann, Klug & Leonhardt, Hogrefe, in Vorbereitung).

4 Gibt es verschiedene Typen von Personen mit Hochstapler-Selbstkonzept?

Üblicherweise wird nicht zwischen Personen mit Hochstapler-Selbstkonzept differenziert. Nach Joan Harvey (1981) hingegen entwickeln Personen mit Hochstapler-Selbstkonzept typische Verhaltensweisen, nach denen er sechs theoretische Typen von Hochstaplern mit unterschiedlichen Charakteristika unterscheidet (vgl. auch Harvey & Katz, 1985): *Arbeitssüchtige* (arbeiten hart und kritisieren sich ebenso hart für kleinste Fehler), *magisch Denkende* (Erfolg wird äußeren Faktoren wie etwa Glück zugeschrieben), *Bescheidene* (können Komplimente nicht annehmen, verweisen stattdessen auf andere oder äußere Umstände für Erfolg), *Charmante* (sozial kompetente warmherzige Personen, die glauben, ihre Ziele mit Charme erreicht zu haben), *Chamäleons* (sind gekennzeichnet durch ein fehlendes eigenes Verhaltensrepertoire sowie überangepasstes Verhalten im Beruf) und *Einfühlsame* (Personen, die eigenen Bedürfnissen oft nicht nachkommen und besonders einfühlsam sind).

Die von Harvey (1981) theoretisch postulierten verschiedenen Typen mit Hochstapler-Selbstkonzept wurden jedoch nicht in Bezug zueinander gesetzt und empirisch nie überprüft. Leonhardt, Bechtoldt und Rohrmann (2017) gingen nun in einer quantitativen Studie an Führungskräften der Frage nach, ob sich empirisch verschiedene Typen mit Hochstapler-Selbstkonzept identifizieren lassen. Es könnte sein, dass es sich bei Personen mit Hochstapler-Selbstkonzept um keine homogene Gruppe handelt, sondern dass möglicherweise bestimmte Typen nachweisbar sind, die durch unterschiedliche Coping-Strategien und Persönlichkeitsmerkmale charakterisiert sind. Empirisch konnten mittels Clusteranalysen zwei Typen von Personen mit Hochstapler-Selbstkonzept identifiziert werden: eine stark belastete Gruppe mit eher ungünstigen Persönlichkeitsfacetten (wie z.B. negative Selbstbewertung, Ängstlichkeit) und eine, die als weitgehend unbelastet beschrieben werden kann und eher günstige Persönlichkeitsmerkmale (z.B. emotionale Stabilität) aufwies. Letztere wurden bisher nicht im Zusammenhang mit dem Hochstapler-Selbstkonzept beschrieben. Warum berichten diese Personen von Hochstapler-Gefühlen, weisen aber keine deutlichen Ausprägungen in anderen Merkmalen auf, die eigentlich mit dem Hochstapler-Selbstkonzept assoziiert sind? Ferrari und Thompson (2006) sehen in dem Hochstapler-Selbstkonzept eine Strategie zur Selbstdarstellung in Situationen, wo der Selbstwert bedroht wird. Nach Leary et al. (2000) handelt es sich hierbei möglicherweise um eine Form strategischer Selbstpräsentation. Diese Personen werten sich selbst ab und negieren eigenes Zutun am Erfolg, um bei anderen einen möglichst positiven Eindruck und keinen Neid zu erzeugen. Einen Misserfolg anzukündigen, senkt die Erwartungen anderer, vermittelt Bescheidenheit, motiviert gegebenenfalls andere zu sozialer Unterstützung und dient zugleich als Selbstschutz im Falle tatsächlichen Misserfolgs. Verschiedene Untersuchungen (z.B. Baumeister, Hutton & Tice, 1989; Felson, 1993; Jones & Pittmann, 1982; Leary, 1995; Leary & Kowalski, 1990; Leary et al., 2000) zeigten, dass sich Personen in abwertender statt günstiger Weise darstellen, wenn sie annehmen, dass eine negative Selbstdarstellung einen sozialen Wert für sie hat. In der Studie von Leary et al. (2000) prognostizierten Personen mit Hochstapler-Selbstkonzept sich selbst interessanterweise nur dann schlechte Leistungen, wenn sie annahmen, dass die eigene Einschätzung bekannt würde, nicht jedoch, wenn diese anonym blieb. Sich selbst öffentlich schlechter darzustellen, dient dazu, die Erwartung anderer herabzusetzen, was dazu führt, dass einerseits Erfolge mehr anerkannt werden und bei potenziellen Misserfolgen das Gesicht gewahrt werden kann.

Diesen Überlegungen folgend liefert die Studie von Leonhardt et al. (2017) empirische Hinweise dafür, dass es also auch Personen mit hohen Ausprägungen im Hochstapler-Selbstkonzept gibt, deren Selbstbeschreibung eher strategisch ist und denen die typischen Persönlichkeitskorrelate des Hochstapler-Selbstkonzepts wie etwa Selbstzweifel fehlen.

Bereits Clance (1985) warnte vor der Verwechslung von Personen mit Hochstapler-Selbstkonzept und solchen, die ihre Leistung herabwürdigen, um Lob und Anerkennung im Sinne von *fishing for compliments* durch andere einzufordern. Auch hierbei handelt es sich um eine strategische Selbstdarstellung. Die feste Überzeugung von Personen mit „echtem“ Hochstapler-Selbstkonzept hingegen, dass ihre Leistung minderwertig ist, spielt sich eher im Geheimen ab, in ständiger Angst, dass andere sich ihrer vermeintlichen Inkompetenz bewusst werden könnten.

Es gibt Hinweise darauf, dass sich unter den Personen mit Hochstapler-Selbstkonzept in Selbstbeschreibungsinstrumenten verschiedene Typen finden. In der Literatur kristallisieren sich dabei zwei Typen heraus: diejenigen, bei denen es sich um eine strategische Selbstpräsentation handelt, und Personen mit tatsächlichem Hochstapler-Selbstkonzept mit eher ungünstigen Persönlichkeitsmerkmalen. Sie sind es, die im Fokus dieses Buches stehen

5 Wer ist vom Hochstapler-Selbstkonzept betroffen, und wie verbreitet ist es?

Das Hochstapler-Selbstkonzept ist unter begabten und erfolgreichen Personen aller Berufsgruppen weit verbreitet, auch unter Schauspielern, wie die Zitate eingangs zeigen. Das erklärt vermutlich auch, warum das Persönlichkeitsmerkmal in den vergangenen Jahren häufiger in den Fokus – meist englischsprachiger – Ratgeber- bzw. Selbsthilfebücher (Harrin, 2011; Kearns, 2015; Mount & Tardanico, 2014; Young, 2011) sowie von Tageszeitungen, populärwissenschaftlichen Zeitungen und Zeitschriften geriet mit Titeln wie „Are You Suffering From Impostor Syndrome?“ (Bowen, 2005*; Irish Independent),* „Big success can make you feel so small“ (Goldman, 2005; *Chicago Tribune*), „When even the most successful people have a gnawing feeling they're fakes“ (Stocker, 1986; *Boston Globe*), „Feeling Like a Fraud“ (Pinker, 2004*; The Globe and Mail),* „Why feeling like a fraud can be a good thing!“ (BBC News, 2016), „Hilfe, die denken, ich bin gut“ (Schäfer, 2009; *Emotion*), „Das habe ich nicht verdient“ (Süddeutsche Zeitung, 2010), „Quälende Angst vor dem Auffliegen“ (Janker, 2014; *Süddeutsche Zeitung*), „Die eingebildeten Schwindler“ (Spinath, 2010; *Gehirn und Geist*) bzw. „Wenn Menschen unter dem Hochstapler-Syndrom leiden“ (Kruthaup, 2014; *Hamburger Abendblatt*).

Auch finden sich im Internet eine Reihe von Selbsttests sowie entsprechende Coaching-Angebote. Auch das Angebot und die Nachfrage zahlreicher Seminare zur Bewältigung des Hochstapler-Selbstkonzepts zeigen, dass sich nicht nur von Einzelfällen sprechen lässt. Gerade im akademischen und beruflichen Kontext können sich viele Situationen ergeben, die entsprechende Fehlwahrnehmungen der eigenen Person begünstigen (Gravois, 2007; Klinkhammer & Saul-Soprun, 2009). Das Thema tritt immer mehr in den Fokus öffentlichen Interesses und trifft offenbar den Geist der Zeit. Versagensängste, Selbstzweifel oder auch eine allgemeine emotionale

Überlastung sind insbesondere unter beruflich erfolgreichen Personen Tabuthemen. Dr. Valerie Young, eine Referentin zahlreicher Seminare und Workshops in den USA, ist der Meinung, dass das Hochstapler-Selbstkonzept durch Veränderungen der Umstände in Unternehmen und der Gesellschaft derzeit so relevant sei wie nie zuvor (Jarrett, 2010).

Das Hochstapler-Selbstkonzept wurde in verschiedenen Ländern nachgewiesen wie z.B. Amerika (Biran & Reese, 2007), Japan (Fujie, 2010), Iran (Kamarzarrin, Khaledian, Shooshtari, Yousefi & Ahrami, 2013), Großbritannien (Sonnak & Towell, 2001), Korea (Chae et al., 1995), Kanada (September, McCarrey, Baranowsky, Parent & Schindler, 2001), Australien (Want & Kleitmann, 2006), Österreich (Jöstl, Bergsmann, Lüftenegger, Schober & Spiel, 2012) und Deutschland (Rohrmann, Bechtoldt & Leonhardt, 2016), wobei die Prävalenzraten kulturspezifisch unterschiedlich ausfallen. So weisen 50–70 Prozent der Angloamerikaner zumindest ein schwach ausgeprägtes Hochstapler-Selbstkonzept auf, während es in Korea etwa 25 Prozent sind (Chae et al., 1995). Insbesondere westliche leistungs- und wettbewerbsorientierte Gesellschaften wirken sich begünstigend auf die Entwicklung eines Hochstapler-Selbstkonzepts aus, da hier der persönliche Wert an der erbrachten Leistung gemessen wird (Langford & Clance, 1993).

Das Hochstapler-Selbstkonzept wird bereits bei 10- bis 12-jährigen Schülerinnen und Schülern beobachtet (Chayer & Bouffard, 2010), aber auch bei Jugendlichen (Lester & Moderski, 1995) und älteren Schülern und Schülerinnen (Caselmann, Self & Self, 2006), bei Studierenden (etwa Ferrari & Thompson, 2006; Henning, Ey & Shaw, 1998), wobei nach Studien von Sonnak und Towell (2001) sowie Thompson et al. (1998) 43–49 Prozent betroffen sind, und bei Doktoranden (Jöstl et al., 2012), wovon 49 Prozent eine geringe, 29 Prozent eine mittlere und 5 Prozent eine starke Ausprägung aufwiesen (nur 17 Prozent waren hiervon gänzlich unberührt). Auch unter Managern (Fried-Buchalter, 1997) ist das Hochstapler-Selbstkonzept sehr verbreitet. In der Studie von Rohrmann et al. (2016) gaben über 50 Prozent der erfolgreichen Führungskräfte an, Hochstapler-Gefühle zu kennen. Betroffen sind auch Ärzte (Mattie, Gietzen, Davis & Prata, 2008; Prata & Gietzen, 2007) – drei Viertel der befragten Medizin-Studierenden fühlen sich nach Beendigung des Studiums nicht kompetent genug, um praktizieren zu können, und in den USA bezeichnen sich ca. zwei Drittel der Hausärztinnen und -ärzte als Hochstapler (Oriel, Plane & Mundt,

2004). Ferner können Kleinunternehmer, Juristen und Geschäftsleute in die Gruppe der Betroffenen miteingeschlossen werden (Want & Kleitmann, 2006).

Insgesamt sind Personen mit höherem Bildungsniveau und qualifizierten Abschlüssen stärker vom Hochstapler-Selbstkonzept betroffen (Cozzarelli & Major, 1990). Besonders verbreitet ist – verschiedenen Autoren zufolge (Kets de Vries, 1998; Klinkhammer & Saul-Soprun, 2009; Want & Kleitmann, 2006) – das Hochstapler-Selbstkonzept in akademischen Berufen, insbesondere im Hochschulbereich, sodass die Relevanz im wissenschaftlichen Kontext im Folgenden noch einmal näher beleuchtet werden soll.

Das Hochstapler-Selbstkonzept unter Wissenschaftlern

Der universitäre Kontext scheint ein besonderer Nährboden für die Entwicklung eines Hochstapler-Selbstkonzepts zu sein. Erfolgreiche Wissenschaftlerinnen und Wissenschaftler haben häufig das Gefühl, von anderen als kompetenter eingestuft zu werden, als es ihrer Selbstwahrnehmung entspricht.

Hier ein typischer innerer Dialog von Cherry Murray (Direktorin für Wissenschaft und Technologie am Lawrence Livermore National Laboratory in Kalifornien und Präsidentin der Amerikanischen Ärztegesellschaft), der stattfindet, wenn sie an einer Publikation schreibt oder um ein Interview zu neuen Forschungsergebnissen gebeten wird, obwohl sie bereits über 70 Publikationen in hochrangigen Journalen publiziert, mehrere Auszeichnungen erhalten sowie zwei Patente entwickelt hat und in 80 nationalen und internationalen wissenschaftlichen Gesellschaften und Leitungsgremien mitwirkt:

„Ich kann das nicht. Ich habe nicht genug Experimente durchgeführt. Ich habe nicht genügend Daten. Ich kann das Paper nicht gut genug schreiben oder ein Interview hierzu geben. [...] Ich denke immer, nicht qualifiziert genug zu sein“ (übersetzt nach Kaplan, 2009; S. 458).

Trotz ihrer erwiesenen Erfolge etwa in Form von akademischen Titeln, Publikationen, Zertifikaten, eingeworbenen Forschungsgeldern und Führungspositionen schreiben sich Wissenschaftlerinnen und Wissenschaftler ihren beruflichen Erfolg oft nicht selbst zu, sondern führen ihn eher auf externe Faktoren zurück.

Neben der familiären Sozialisation sehen Klinkhammer und Saul-Soprun (2009, S. 166) die Ursache hierfür auch in der professionellen Sozialisation und Arbeit im Hochschul- und Wissenschaftssystem, wo feld- und professionsspezifische Dynamiken dazu führen, „dass Wissenschaftler sich an vielen Stellen ihrer Karriere wie ein Hochstapler fühlen (müssen)“. Hierbei finde eine Wechselwirkung zwischen der Person (mit ihrer biografischen und sozialisationsbedingten Disposition zum Hochstapler-Selbstkonzept) und ihrer sozialen Umwelt im Hochschulsystem statt.

Klinkhammer und Saul-Soprun (2009) führen verschiedene Faktoren an, die zur Entwicklung des Hochstapler-Selbstkonzepts und dessen starker Verbreitung im Hochschulsystem beitragen: die Organisation, die Profession und Hochschulsozialisation, die Berufsrolle und das Geschlecht. Verschiedene Faktoren auf diesen unterschiedlichen Ebenen machen offenbar Personen im Hochschulwissenschaftssystem anfälliger für das Hochstapler-Selbstkonzept:

Auf der *Ebene der Organisation* trägt hierzu bei, ständig Bewertungen ausgesetzt zu sein, die implizieren, dass die Karriere von objektiv messbaren Leistungen abhänge.

Auf der *Ebene der Profession/Hochschulsozialisation* tragen zum Hochstapler-Selbstkonzept Krisen bei, die nach Klinkhammer und Saul-Soprun (2009) zu jeder wissenschaftlichen Karriere gehören, aber vor anderen verborgen werden müssen und unbewusst das Gefühl nähren, eigentlich nichts zu können. Ein weiterer Faktor ist die Unsicherheit der Hochschulkarriere, die zwischen den Polen Scheitern und Erlangen einer Professur liegt, ein schmaler Grat zwischen sozialem Abstieg und wissenschaftlichem Aufstieg (Klinkhammer, 2004; 2007). Diejenigen, die es geschafft haben, haben andere Personen trotz hoher Befähigung scheitern sehen, sodass bei ihnen leicht das Gefühl entsteht, selbst einfach Glück oder das richtige Netzwerk gehabt zu haben.

Nach Macha (1992) spielen aber auch Mythen bei der Entwicklung des Hochstapler-Selbstkonzepts eine Rolle: „Die Wissenschaft ist die anspruchsvollste Tätigkeit, die man ausüben kann. [...] Der Wissenschaftler muss Genie besitzen [...] und fühlt sich dem Anspruch der Wahrheit verpflichtet. [...] Er ist dynamisch und stets im Dienst, Freizeit benötigt er nicht. Er kennt keinen Unterschied von Tag und Nacht, denn der Geist kennt keine Zeiteinteilung. Forschen ist meist eine einsame Tätigkeit, und sie verlangt Opfer von der Familie, weil alles hinter den Erfordernissen der Forschung zurückstehen muss. Nur der Wissenschaftler wird sich durchsetzen, der diesem Bild entspricht. In ihm zeigt sich die Berufung, versagt er, so fehlt ihm diese" (Macha, 1992; S. 198; zitiert nach Klinkhammer & Saul-Soprun, S. 172). Gemessen an diesem Mythos, können sich Wissenschaftlerinnen und Wissenschaftler leicht wie Hochstapler vorkommen. Sie bekommen das Gefühl, nicht dem zu entsprechen, was mit ihrem akademischen Titel assoziiert wird (Oriel et al., 2004). Schließlich postulieren Klinkhammer und Saul-Soprun (2009), dass man, um in der Wissenschaft Karriere machen zu können, gelegentlich gezwungen ist, hochzustapeln, sich selbstbewusster, souveräner, kompetenter zu geben, als man eigentlich ist, etwa bei Vorträgen auf wissenschaftlichen Konferenzen oder bei beruflichen Übergängen beispielsweise als neu berufene Professorin. Unsicherheiten werden überspielt, Fehler verschwiegen und das eigene Können bestmöglich dargestellt. Das kann unter Umständen so erlebt werden, dass man anderen etwas vormacht, nicht authentisch ist. Auch Austin, Clarke, Ross und Taylor (2009) betonen, dass unerwarteter Erfolg und früher Druck in der Karriere, selbstbewusst erscheinen zu müssen, zur Entwicklung eines Hochstapler-Selbstkonzepts beitragen können.

Ein wichtiger Faktor auf der *Ebene der Berufsrolle* ist die Tatsache, dass Wissenschaftler vielfältigen Erwartungen gerecht werden müssen. Neben Forschung und Lehre gehört Personalführung und -entwicklung zu ihren Aufgaben, sie müssen Mittel für Forschung einwerben, Forschungsprojekte managen, über pädagogische Fähigkeiten verfügen und Aufgaben in der universitären Selbstverwaltung übernehmen. Sie fungieren auch als Prüfer, Mentor, Autor, Gutachter und Kongressleiter, für viele dieser Aufgaben wurden sie jedoch nie ausgebildet. Sie füllen Rollen aus, denen sie sich nicht voll gewachsen fühlen, was ein Gefühl des Hochstapelns erzeugt. McCormick und Barnes (2008) drücken es als schmerzhaftes Sichbewusstwerden aus, dass das, was man gelernt hat, nicht dem entspricht, was man als Professorin und Professor beherrschen muss. Es wird quasi die Erwartung an Wissenschaftler herangetragen, eine „Eier legende Wollmilchsau" zu sein (vgl. **Abbildung 5-1**).

Abbildung 5-1: Der Wissenschaftler im Kontext von Rollenvielfalt und Rollenwidersprüchen als Eier legende Wollmilchsau.

Schließlich spielt laut Klinkhammer und Saul-Soprun (2009) auch das *Geschlecht* bei der Entwicklung eines Hochstapler-Selbstkonzepts eine Rolle. Frauen hätten sozialisationsbedingt eine stärker ausgeprägte Angst vor Machtpositionen als Männer. Ferner schwinge bei ihnen immer die Angst mit, nicht wegen ihrer Leistung, sondern wegen ihres Geschlechts – aufgrund der Unterrepräsentation von Frauen in Professuren – in ihre Position gekommen zu sein. Auch Muttarak, Hamill, Heath und McCrudden (2013) weisen darauf hin, dass positive Diskriminierung im Sinne von Gesetzen und politischen Strategien, die sich gegen die Unterrepräsentanz benachteiligter sozialer Gruppen basierend auf Geschlecht, Ethnizität, Religion und Nationalität richten, zur Entwicklung eines Hochstapler-Selbstkonzepts beitragen können. Verschiedene Autoren (u.a. Gibson-Beverly & Schwartz, 2008; Jöstl et al., 2012; Klinkhammer & Saul-Soprun, 2009) sehen in dem Hochstapler-Selbstkonzept gar einen wesentlichen Faktor für abgebrochene weibliche Universitätskarrieren und erklären hiermit zum Teil auch den Mangel an Professorinnen. Hierzu passt der Befund von Jöstl et al. (2012), die unter Doktoranden einen deutlich höheren Anteil an Frauen im Vergleich zu Männern mit Hochstapler-Selbstkonzept nachwiesen, der sich noch mal erhöhte, wenn es sich um Universitätsangestellte handelte. Das Hochstapler-Selbstkonzept war bei einem Drittel der Doktorandinnen extrem stark ausgeprägt, was mit Beeinträchtigungen im akademischen Bereich einhergehen dürfte.

Vor diesem Hintergrund soll daher der Fokus im Folgenden auf die Rolle des Geschlechts im Zusammenhang mit dem Hochstapler-Selbstkonzept gerichtet werden.

Ist das Hochstapler-Selbstkonzept typisch weiblich?

Clance und Imes (1978) gingen zunächst davon aus, dass das Hochstapler-Selbstkonzept vor allem Frauen betreffe. Sie nahmen an, dass es sich um ein speziell weibliches Erlebensmuster handele, dessen Wurzeln in sozialen Erwartungen lägen und durch das gesellschaftliche Stereotyp geprägt seien, dass Männer kompetenter als Frauen seien und dass beruflicher Erfolg im Widerspruch zu einem traditionellen Weiblichkeitsbild stehe. Eagly und Karau (2002) sprechen in diesem Zusammenhang auch von Stereotypeninkongruenz. Frauen hätten diese Rollenzuschreibung internalisiert und dadurch Schwierigkeiten, sich Erfolg zuzuschreiben, stattdessen würden sie Versagensängste entwickeln. Erfolge auf die eigene Fähigkeit zurückzuführen, würde laut Steinberg (1987) bedeuten, dass sich Frauen gegen eine Perspektive stellen müssten, die von der ganzen Gesellschaft getragen werde. Das Hochstapler-Selbstkonzept stellt in diesem Zusammenhang eine unbewusste Strategie dar, mit den intrapsychischen und soziokulturellen Determinanten solcher Stereotype umzugehen, und drückt die Internalisierung gesellschaftlicher Werte aus (Clance, Dingman, Reviere & Stober, 1995).

Wenn auch eine Reihe von Untersuchungen die Annahme von Clance und Imes (1978) unterstützt und höhere Werte im Hochstapler-Selbstkonzept von Frauen gegenüber Männern zeigt (Henning et al., 1998; Jöstl et al., 2012; King & Cooley, 1995; Kumar & Jagacinski, 2006; McGregor, Gee & Posey, 2008; Oriel et al., 2004), finden dennoch einige Studien eine stärkere Ausprägung bei Männern im Vergleich zu Frauen (Kolligian & Sternberg, 1991; Topping & Kimmel, 1985). Die Mehrheit der Studien konnte allerdings keine signifikanten Geschlechtsunterschiede im Zusammenhang mit dem Hochstapler-Selbstkonzept nachweisen (Bernard, Dollinger & Ramaniah,

2002; Castro, Jones & Mirsalimi, 2004; Chae et al., 1995; Cozzarelli & Major, 1990; Cowman & Ferrari, 2002; Ferrari, 2005; Ferrari & Thompson, 2006; Fried-Buchalter, 1997; Harvey, 1981; Langford & Clance, 1993; Lester & Moderski, 1995; Rohrmann et al., 2016; Sonnak & Towell, 2001; Thompson et al., 1998).

Nach wie vor wird der Zusammenhang des Hochstapler-Selbstkonzepts mit dem Geschlecht kontrovers diskutiert. Möglicherweise sind die widersprüchlichen Befunde auf unterschiedliche Stichprobenzusammensetzungen zurückzuführen.

Erstaunlicherweise kennt etwa die Hälfte erfolgreicher Personen – unabhängig von Geschlecht, Ethnizität, Alter und Beruf – Hochstapler-Gedanken und -Gefühle (Sakulku & Alexander, 2011). Besonders betroffen sind Personen mit höherem Bildungsniveau, qualifizierten Abschlüssen und insbesondere Wissenschaftler, deren Arbeitskontext einerseits durch Rollenvielfalt und -erwartungen sowie andererseits durch Rollenwidersprüche charakterisiert ist.

6 Wie entwickelt sich ein Hochstapler-Selbstkonzept?

Welche Entstehungsmechanismen führen zur Entwicklung eines derart verzerrten negativen Selbstbilds?

Das Hochstapler-Selbstkonzept entsteht aus einer Wechselwirkung von Anlage und Umwelt, wobei bestimmte Faktoren familiärer Sozialisation eine wesentliche Rolle spielen (Clance, 1985; Clance & Imes, 1978; Kets de Vries, 2005; King & Cooley, 1995; Klinkhammer & Saul-Soprun, 2009; Matthews & Clance, 1985; Sakulku & Alexander, 2011; Sonnak & Towell, 2001; Want & Kleitmann, 2006). Ein hoher Leistungsanspruch scheint ein zentrales Element in der Familiendynamik zu sein, der auch mit bestimmten Eigenschafts- und Rollenzuschreibungen sowie Verstärkungsprozessen in der Familie, bestimmten Erziehungsstilen und einer bestimmten Art der Kommunikation von Gefühlen zusammenhängt.

Leistungs- und Wettbewerbsorientierung bzw. Familienbotschaften

In Familien von Personen mit Hochstapler-Selbstkonzept wird Intelligenz und Erfolg als sehr hoher Wert vermittelt, gleichzeitig aber auch, dass es aufgrund der hohen Intelligenz nicht notwendig sei, sich für Erfolg anzustrengen (Clance, 1985). Personen mit Hochstapler-Selbstkonzept werden etwa mit Geschwistern und Mitschülern verglichen und nehmen eine ausgeprägte Leistungs- und Wettbewerbsorientierung in der Familie wahr. Sie wachsen in dem Gefühl auf, dass ihr Wert von ihrer Leistung abhänge, und definieren sich primär über herausragende Leistungen. Sie tendieren dazu, die Standards der Familie zu erfüllen, um positives Feedback zu erhalten, was möglicherweise in Konflikt mit ihren Bedürfnissen und Fähigkeiten steht.

Mangel an positiver Verstärkung

Clance und Mitarbeiter (Clance, 1985; Clance et al., 1995; Clance & O'Toole, 1987) gehen davon aus, dass Personen mit Hochstapler-Selbstkonzept wenig positive Bestätigung für ihre Leistung in der Familie erfahren, sodass sie diese als unbeeindruckend und unwichtig erleben, was Gefühle von Scham und Demütigung hervorruft. Die Studie von Caselmann et al. (2006) legt nahe, dass dieser Zusammenhang möglichweise nur bei Frauen zu finden ist.

Eigenschafts-/Rollenzuschreibungen

Entscheidend bei der Entwicklung eines Hochstapler-Selbstkonzepts scheinen frühe Eigenschafts- und Rollenzuschreibungen in der Familie zu sein. So befragten Clance und Imes (1978) 150 Frauen im Alter von 20 bis 45 Jahren mit exzellenten Studienabschlüssen in verschiedenen Disziplinen, die sich aber nicht erfolgreich fühlten. Diese Frauen ließen sich den Autorinnen zufolge – in Anlehnung an die individualpsychologische Sichtweise von Alfred Adler – in zwei Gruppen aufteilen, die aus der frühkindlichen Familiengeschichte herrühren: eine *überlegene Gruppe* und eine *sozial-emotive Gruppe*. Hiernach wird ein Kind stark durch frühe Eigenschaftszuschreibungen der Eltern geprägt, die ausschlaggebend für die Entwicklung des Hochstapler-Selbstkonzepts sein können (vgl. auch Harvey & Katz, 1985).

Die sogenannte *überlegene Gruppe* von Personen mit Hochstapler-Selbstkonzept wächst in einer Familie auf, die dem Kind vermittelt, anderen in jeglicher Hinsicht (etwa Intelligenz, Aussehen, Talente) überlegen zu sein, alles ohne Anstrengung erreichen zu können, perfekt zu sein. Das Kind fühlt sich genötigt, den Erwartungen zu entsprechen, beginnt aber an der Wahrnehmung der Eltern und an sich zu zweifeln, da es auch widersprechende Erfahrungen macht und sich für außergewöhnliche Leistungen anstrengen muss. Es entstehen Zweifel an der eigenen Intelligenz und Angst, den übertriebenen Erwartungen nicht gerecht werden zu können.

Die *sozial-emotive Gruppe* von Personen mit Hochstapler-Selbstkonzept hingegen wächst in einer Familie auf, in der einem nahen Familienmitglied die Rolle des „Intelligenten" zugeschrieben wird. Dem Kind selbst wird etwa vermittelt, das hübsche, einfühlsame, soziale Kind zu sein. Dieses glaubt zum einen an den Familienmythos, versucht aber andererseits auch zu beweisen, (genauso) intelligent zu sein. Trotz Erfolge dieses Kindes hält die Familie aber an den ursprünglichen Rollenzuschreibungen fest. Das Kind fühlt sich bei Erfolg zwar kompetent, hat aber trotzdem das Gefühl, dass die Familie recht hat und der Erfolg vielleicht daher rührt, dass es hübsch, einfühlsam oder sozial ist. Es erwachsen Zweifel daran, dass der Erfolg mit der eigenen Kompetenz zusammenhängt.

Sowohl bei der überlegenen als auch bei der sozial-emotiven Gruppe scheint bei der Entwicklung des Hochstapler-Selbstkonzepts das Erleben von Diskrepanz eine Rolle zu spielen, das Gefühl, über- oder unterschätzt zu werden; auch diskrepante Rückmeldungen seitens der Eltern, Freunde, Mitschüler oder Lehrer können zu der Verunsicherung beitragen (Clance, 1985).

Diese erlebte Diskrepanz scheint auch eine Rolle zu spielen bei den Faktoren *familien-atypische Fähigkeiten* und *Parentifizierung*, die zu der Entwicklung eines Hochstapler-Selbstkonzepts beitragen können.

Familien-atypische Fähigkeiten

Personen mit Hochstapler-Selbstkonzept nehmen ihre Fähigkeiten oft als atypisch im Vergleich zu denen ihrer Familienmitglieder wahr (Clance, 1985). Das betrifft insbesondere akademische Interessen, die untypisch für die Familie sind. Wenn niemand in der Familie studiert hat, die Person aber eine akademische Laufbahn einschlägt, entstehen oft Zweifel an der eigenen Kompetenz (Clance et al., 1995).

Parentifizierung

Verschiedentlich wird das Hochstapler-Selbstkonzept auch mit einer problematischen Eltern-Kind-Beziehung im Sinne einer Parentifizierung (Rollenvertauschung von Elternteil und Kind) in Zusammenhang gebracht (Castro et al., 2004). Hierbei erlebt das Kind einen Mangel an Unterstützung und individueller Entwicklungsmöglichkeit sowie der Befriedigung eigener Bedürfnisse, da unbefriedigte Bedürfnisse von einer Generation an die nächste weitergegeben werden und die Kinder bestrebt sind, die emotionalen Bedürfnisse ihrer Eltern zu erfüllen (z.B. gesellschaftlicher Aufstieg). Auch

Bussotti (1990, zitiert nach Sakulku & Alexander, 2011) beschreibt das Bedürfnis von Personen mit Hochstapler-Selbstkonzept, andere zufriedenzustellen. Das Kind erlebt Gefühle der Inkompetenz, da es diesen Ansprüchen nicht gerecht werden kann. Parentifizierung ist eine Beziehungsdynamik, die häufig bei Kindern von alleinerziehenden Elternteilen, Workaholics oder Alkoholikern auftritt (Carroll & Robinson, 2000; Jurkovic, Thirkield & Morrell, 2001). Castro et al. (2004) wiesen einen Zusammenhang zwischen der Parentifizierung, die mit dem Gefühl einhergeht, eine Rolle ausfüllen zu müssen, der man nicht gewachsen ist, und der Entwicklung eines Hochstapler-Selbstkonzepts nach.

Erziehungsstile und Familienklima

Die Entwicklung des Hochstapler-Selbstkonzepts wird auch mit einem hohen Ausmaß an elterlicher Kontrolle in Form von Regeln und Maßnahmen in Verbindung gebracht. Gleichzeitig bestehe ein positiver Zusammenhang mit Konflikten in der Familie und ein negativer mit dem Zusammenhalt in der Familie, elterlicher Fürsorge und der emotionalen Ausdrucksfähigkeit, wobei Gefühle neben Leistung in Familien von Personen mit Hochstapler-Selbstkonzept oft eine sehr untergeordnete Rolle spielten und insbesondere der offene Ausdruck von Gefühlen nicht stattfinde (Bussotti, 1990, zitiert nach Sakulku & Alexander, 2011; Sonnak & Towell, 2001). Nach Sakulku und Alexander (2011) weist die Studie von Bussotti (1990) auf einen nur geringfügigen Einfluss der familiären Umgebung auf das Hochstapler-Selbstkonzept hin.

Kritisch anzumerken ist, dass die Annahmen von Clance und Mitarbeitern auf unsystematischen Beobachtungen an Frauen mit Hochstapler-Selbstkonzept beruhen, während ein Vergleich zu Männern mit und zu Personen ohne Hochstapler-Selbstkonzept fehlt. Wichtig ist auch zu beachten, dass viele Annahmen von Clance und Mitarbeitern nie empirisch überprüft wurden bzw. die wenigen Studien, die vorliegen, methodisch oft unzureichend sind. So sind gegebenenfalls kulturelle Einflüsse zu berücksichtigen (die Annahmen und die Mehrzahl der Studien wurden in den USA entwickelt/durchgeführt). Des Weiteren handelt es sich nicht um tatsächliche Familiensituationen, sondern um Erlebnisse, wie sie von inzwischen erwachsenen Personen mit Hochstapler-Selbstkonzept erinnert werden. Auch müssen die Befunde zum

Teil differenzierter betrachtet werden, etwa in Hinblick auf das Geschlecht der Elternteile bzw. des Kindes. So betonen etwa Want und Kleitmann (2006), dass sich ein fürsorglicher bzw. kontrollierender Erziehungsstil unterschiedlich auswirken könne, je nachdem, ob er von der Mutter oder dem Vater ausgeübt werde. Auch die empirische Studie von King und Cooley (1995) weist darauf hin, dass nur eine geringe Korrelation zwischen dem Hochstapler-Selbstkonzept und der Leistungs- und Wettbewerbsorientierung in der Familie besteht und hierbei gegebenenfalls Geschlechtsunterschiede zu berücksichtigen sind. Wichtig ist zu bedenken, dass nicht jedes Kind aus einer leistungsorientierten Familie ein Hochstapler-Selbstkonzept entwickelt.

Sakulku und Alexander (2011) kommen in ihrem Überblicksartikel zu dem Schluss, dass die Zusammenhänge von familiären Hintergrundvariablen und der Entwicklung eines Hochstapler-Selbstkonzepts nicht sehr stark sind und nicht valide, inkonsistente oder divergente Botschaften über Leistung stärker mit dem Hochstapler-Selbstkonzept zusammenhängen als der familiär vermittelte Wert von Leistung.

Die Entstehungsmechanismen des Hochstapler-Selbstkonzepts sind komplex und multifaktoriell, wobei in der Literatur häufig die Rolle der familiären Umgebung, der Familiendynamiken und der Erziehungsstile betont wird, welche die Leistungswerte und das Leistungsverhalten von Kindern und damit deren Umgang mit Erfolg und Misserfolg in Leistungssituationen beeinflussen (Thompson, 2004). Ein wichtiger Faktor scheint eine **hohe Leistungs- und Wettbewerbsorientierung in der Familie** zu sein, die einen **leistungsabhängigen Selbstwert** bedingt. Da der Fokus auf Leistung gerichtet ist, wird Gefühlen in diesen Familien oft wenig Raum gegeben. Offensichtlich haben auch **Eigenschafts- und Rollenzuschreibungen** in der Familie einen Einfluss, wobei insbesondere **Diskrepanz-Erleben** eine zentrale Rolle zu spielen scheint. Als weitere Faktoren werden ein **Mangel an positiver Verstärkung für Leistung**, die Wahrnehmung, dass **eigene Kompetenzen atypisch für die Familie** sind, **Parentifizierung** in dem Sinne, dass das Kind bestrebt ist, emotionale Bedürfnisse der Eltern zu erfüllen, und **starke elterliche Kontrolle** in Form von Regeln und Maßnahmen sowie **mangelnde Fürsorge** diskutiert.

Die Zusammenhänge sind jedoch bislang noch zu wenig differenziert untersucht und empirisch gesichert, um eindeutige Aussagen hierzu treffen zu können.

Auch ist davon auszugehen, dass die möglichen Einflüsse familiärer Sozialisation auf die Entwicklung eines Hochstapler-Selbstkonzepts durch Persönlichkeitsunterschiede moderiert werden.

7 Wie hängt das Hochstapler-Selbstkonzept mit anderen Persönlichkeitsmerkmalen zusammen, und stellt es ein eigenständiges Persönlichkeitsmerkmal dar?

In der Wissenschaft wird das Hochstapler-Selbstkonzept kontrovers diskutiert und konnte sich als Konstrukt in der Psychologie bislang nicht wirklich durchsetzen (Chrisman et al., 1995; Fried-Buchalter, 1997; Thompson, Foreman & Martin, 2000). Dies liegt zum Teil daran, dass sich die bisherige Forschung fast ausschließlich auf den angloamerikanischen Sprachraum beschränkt. Offen geblieben ist die Frage, ob das Hochstapler-Selbstkonzept ein distinktes, eigenständiges Konstrukt, eine Facette etablierter Persönlichkeitsmerkmale oder ein Konglomerat aus verschiedenen Persönlichkeitsfacetten darstellt. Es gibt theoretische und empirische Zusammenhangsstrukturen mit einer Reihe von Persönlichkeitsmerkmalen, bei denen eine gewisse Nähe zum Hochstapler-Selbstkonzept besteht.

Im Folgenden wird der Zusammenhang des Hochstapler-Selbstkonzepts mit den Big-Five-Persönlichkeitsfaktoren, der Leistungsängstlichkeit, dem Selbstwert, dem Attributionsstil, der Selbstwirksamkeit, zentralen negativen Selbstbewertungen sowie dem Perfektionismus untersucht. Ferner wird der Frage nachgegangen, ob sich das Hochstapler-Selbstkonzept so weit von diesen breiten bzw. spezifischen Persönlichkeitsmerkmalen abgrenzen lässt, dass es als eigenständiges Konstrukt betrachtet werden kann.

Big-Five-Persönlichkeitsfaktoren

Auf der Suche nach den wichtigsten Dimensionen der Gesamtpersönlichkeit verfolgten Allport und Odbert (1936) in den 1930er-Jahren den sog. „lexikalischen Ansatz". Man versuchte, durch die Analyse der in der natürlichen Sprache vorkommenden Begriffe zu einer Taxonomie der Persönlichkeit zu kommen, wobei man davon ausging, dass Persönlichkeitsmerkmale sprachlich repräsentiert werden. Je wichtiger ein Merkmal sei, desto eher würden ein oder mehrere Wörter in der natürlichen Sprache dafür vorhanden sein. Durch mathematische Analysen der enormen Anzahl von Adjektiven fand man fünf sehr stabile, unabhängige und kulturübergreifende Basisdimensionen der Persönlichkeit (Fiske, 1949; Norman, 1963; Tupes & Christal, 1958, 1961, 1992). Seit Beginn der 90er-Jahre geht man davon aus, dass man Persönlichkeit anhand eines Modells, das aus fünf breiten Persönlichkeitsfaktoren höherer Ordnung besteht, beschreiben kann, die die Big Five genannt werden (Goldberg, 1981) und für die empirisch eine gewisse Heritabilität nachgewiesen werden konnte (u.a. Kandler, Riemann, Spinath & Angleitner, 2010). Diese Faktoren wurden in einer Vielzahl empirischer Studien belegt. Das Fünf-Faktoren-Modell der Persönlichkeit ist das wichtigste psychometrische Modell zur Erfassung und Beschreibung individueller Persönlichkeitsunterschiede (John, Naumann & Soto, 2008). Es handelt sich um folgende sehr breit gefasste Persönlichkeitsmerkmale:

Offenheit für neue Erfahrungen

Personen mit hoher Ausprägung in diesem Persönlichkeitsmerkmal haben ein großes Interesse an neuen Erfahrungen, Erlebnissen und Eindrücken. Sie sind offen, wissbegierig, kreativ, fantasievoll, neugierig und experimentierfreudig. Sie haben Interesse an Kunst und Kultur, lieben Abwechslung und reisen gerne. Sie hinterfragen bestehende Werte und Normen kritisch und verhalten sich oft unkonventionell.

Gewissenhaftigkeit

Personen mit hoher Ausprägung in diesem Persönlichkeitsmerkmal sind charakterisiert durch Kompetenz, Leistungsstreben, Pflichtbewusstsein und Ordnungsliebe. Sie handeln besonnen, planend, sorgfältig, effektiv und organisiert.

Extraversion

Personen mit hoher Ausprägung in diesem Persönlichkeitsmerkmal sind herzlich, heiter, optimistisch, gesellig, aktiv und durchsetzungsfähig. Sie sind charakterisiert durch Erlebnishunger und befinden sich am liebsten in Gesellschaft.

Verträglichkeit

Personen mit hoher Ausprägung in diesem Persönlichkeitsmerkmal sind durch ein positives zwischenmenschliches Verhalten charakterisiert. Sie sind freundlich, mitfühlend, gutherzig, hilfsbereit und altruistisch. Sie vertrauen anderen, kooperieren gut mit anderen, sind entgegenkommend und nachgiebig.

Neurotizismus

Personen mit hoher Ausprägung in diesem Persönlichkeitsmerkmal sind emotional instabil, impulsiv, verletzlich, sozial befangen, reizbar, ängstlich, unzufrieden und depressiv.

Diese Basismerkmale der Persönlichkeit können durch fünf Personen in einem Boot symbolisiert werden, wobei OCEAN für die Anfangsbuchstaben der englischen Bezeichnung der Big Five steht (vgl. **Abbildung 7-1**; Asendorpf, 2015, S. 57).

Abbildung 7-1: Die fünf Basisdimensionen der Persönlichkeit, die Big Five, sind: Offenheit für neue Erfahrungen (*openness*), Gewissenhaftigkeit (*conscientiousness*), Extraversion (*extraversion*), Verträglichkeit (*agreeableness*) und Neurotizismus (*neuroticism*). (Aus Asendorpf, 2015, S. 57; © Claudia Styrsky. Mit freundlicher Genehmigung.)

Die erste Person an Bord in Abbildung 7-1 ist wissbegierig und zeigt Interesse an Neuem, hier dem Fisch, dem sie begegnen (Offenheit für neue Erfahrungen). Die zweite Person hält das Fernglas und überwacht pflichtbewusst und sorgfältig das Geschehen auf dem Meer (Gewissenhaftigkeit), während die dritte Person mit Sektglas in der Hand für Partystimmung an Bord sorgt (Extraversion). Die vierte Person ist gutherzig und mitfühlend, kümmert sich um die fünfte Person an Bord und gibt dieser einen Rettungsring (Verträglichkeit), da diese Angst hat, dass das Boot sinken oder ein Hai sie fressen könnte (Neurotizismus).

Den fünf Basisdimensionen können je sechs Persönlichkeitsfacetten untergeordnet werden. Sie erfassen individuelle Unterschiede in folgenden Merkmalen (**Tabelle 7-1**):

Tabelle 7-1: Die Big Five und ihre Unterdimensionen

Big Five	Unterdimensionen
Extraversion	Herzlichkeit, Geselligkeit, Durchsetzungsfähigkeit, Aktivität, Erlebnishunger, Frohsinn
Neurotizismus	Ängstlichkeit, Reizbarkeit, Depression, soziale Befangenheit, Impulsivität, Verletzlichkeit
Offenheit	Offenheit für Fantasie, Ästhetik, Gefühle, Handlungen, Ideen, Werte und Normen
Gewissenhaftigkeit	Kompetenz, Ordnungsliebe, Pflichtbewusstsein, Leistungsstreben, Besonnenheit
Verträglichkeit	Vertrauen, Freimütigkeit, Altruismus, Entgegenkommen, Bescheidenheit, Gutherzigkeit

Hängt nun das Hochstapler-Selbstkonzept mit den fünf Basisdimensionen der Persönlichkeit zusammen, und wenn ja, wie?

Hierzu untersuchten Ross, Stewart, Mugge und Fultz (2001) College-Studierende. Der deutlichste Zusammenhang zeigte sich mit Neurotizismus. Darüber hinaus waren Personen mit Hochstapler-Selbstkonzept eher durch geringe Ausprägungen in Extraversion und Gewissenhaftigkeit zu charakterisieren. Keine bedeutsamen Zusammenhänge ergaben sich mit Verträglichkeit und Offenheit für neue Erfahrungen.

Der hohe Zusammenhang zwischen dem Hochstapler-Selbstkonzept und Neurotizismus und der geringe mit Extraversion passen gut zum Hochstapler-Selbstkonzept und decken sich mit den Befunden anderer Studien (Bernard et al., 2002; Chae et al., 1995; Holmes et al., 1993; Rohrmann et al., 2016; Ross et al., 2001; Ross & Krukowski, 2003; Vergauwe, Wille, Feys, De Fruyt & Anseel, 2015). Da die Stichproben sehr unterschiedlich zusammengesetzt waren (Studierende, Angestellte, Führungskräfte aus Korea, den USA, Deutschland und Belgien), spricht dies für eine Generalisierbarkeit der Befunde.

Personen mit Hochstapler-Selbstkonzept sind aufgrund der beschriebenen Ängste emotional weniger stabil und haben, begründet u.a. durch durch die Angst vor negativer Bewertung, Schwierigkeiten, offen auf andere Personen zuzugehen oder im Mittelpunkt zu stehen. Die Facetten Depressivität und Ängstlichkeit als Unterfacetten von Neurotizismus zeigten den stärksten Zusammenhang zum Hochstapler-Selbstkonzept (vgl. auch Bernard et al., 2002; Chae et al., 1995; Chrisman et al., 1995; McGregor et al., 2008; Thompson et al., 2000). Dabei ist Depressivität als Kontinuum zu verstehen und sollte nicht mit Depression und depressiven Störungen gleichgesetzt werden. Depressivität auf symptomatischer Ebene ist sowohl bei Gesunden als auch bei vielen psychischen und körperlichen Störungen zu beobachten (de Jong-Meyer, 2005). Da bisher keine Längsschnittstudien vorliegen und keine Ursache-Wirkungs-Aussagen möglich sind, kann nur spekuliert werden, wodurch der Zusammenhang zwischen dem Hochstapler-Selbstkonzept und Depressivität zustande kommt. Die negativ getönte Stimmung ist vermutlich dadurch zu erklären, dass Personen mit Hochstapler-Selbstkonzept einer permanenten Belastung ausgesetzt sind, indem sie ihre Wertmaßstäbe extrem hoch ansetzen, immer das Gefühl haben, unzulänglich zu sein und andere zu täuschen, und sich – in ständiger Angst vor Entdeckung – übermäßig verausgaben. Die allgemein höhere Ängstlichkeit von Personen mit Hochstapler-Selbstkonzept (Rohrmann et al., 2016), die sowohl eine erhöhte Zustands- als auch Eigenschafts-Ängstlichkeit aufweisen (Thompson et al., 1998), erklärt auch die typischen Angstneigungen (Angst vor Erfolg; Angst vor Misserfolg; Angst, Erfolge nicht wiederholen zu können; Angst vor Enttarnung als Hochstapler).

Der negative Zusammenhang zwischen dem Hochstapler-Selbstkonzept und Gewissenhaftigkeit erscheint zunächst kontraintuitiv. Eigentlich würde man eher erwarten, dass beruflich erfolgreiche Personen grundsätzlich gründlich und zuverlässig arbeiten. Es zeigte sich jedoch ein negativer Zusammenhang zwischen dem Hochstapler-Selbstkonzept und Gewissenhaftigkeit, den Chae et al. (1995) auch mit Prokrastination in Leistungssituationen in Zusammenhang bringen. Auch Bernard et al. (2002) berichten durchweg von negativen Korrelationen zwischen dem Hochstapler-Selbstkonzept und Facetten der Gewissenhaftigkeit mit stark negativen Ausprägungen in Kompetenz und Selbstdisziplin. Dem Impostor-Phänomen inhärent ist jedoch die Tendenz, die eigenen Leistungen und Fähigkeiten zu verneinen. Der negative Zusammenhang zwischen dem Hochstapler-Selbstkonzept und Gewissenhaftigkeit könnte auf die Selbsteinschätzungsinstrumente zurückzuführen sein und durch einen „Underreporting"-Effekt erklärt werden: Personen mit hoher Ausprägung im Hochstapler-Selbstkonzept könnten sich als wenig gewissenhaft wahrnehmen, obwohl das nicht den Tatsachen entspricht. Möglicherweise legen sie sehr hohe Maßstäbe an sich selbst an und beschreiben sich überkritisch in dem Sinne, nicht gewissenhaft und gründlich zu sein (Vergauwe et al., 2015). Einzelne Situationen, in denen sich die Person mit Hochstapler-Selbstkonzept als nicht gewissenhaft erwiesen hat (z. B. etwas verloren hat oder unpünktlich war), werden möglicherweise übergeneralisiert und stehen mehr im Fokus der Erinnerung als die vielen Situationen, in der die Person gewissenhaftes Verhalten zeigte. Es liegt die Vermutung nahe, dass es sich bei der negativen Korrelation nur um ein methodisches Artefakt der verzerrten Selbsteinschätzung von Personen mit Hochstapler-Selbstkonzept handelt.

Leistungsängstlichkeit

Wie King und Cooley (1995) belegen, besteht ein – bei Frauen etwas ausgeprägterer – Zusammenhang zwischen dem Hochstapler-Selbstkonzept und dem eigenen Leistungsanspruch. Da der persönliche Wert oft mit der erbrachten Leistung gleichgesetzt wird (Langford & Clance, 1993), liegt die Vermutung nahe, dass Personen mit Hochstapler-Selbstkonzept gegebenenfalls eine ausgeprägtere Leistungsängstlichkeit aufweisen. Deutliche Zusammenhänge ergaben sich zwischen dem Hochstapler-Selbstkonzept und Testängstlichkeit (Kumar & Jagacinski, 2006) sowie der Angst vor Versagen (Ross et al., 2001). Leistungsanforderungen werden nicht als Herausforderung betrachtet, deren Bewältigung voraussichtlich Belohnung verspricht, sondern als Gefahr des potenziellen Versagens (Thompson et al., 2000).

Da die Furcht vor Erfolg sowie die Furcht vor Misserfolg Kernelemente des Profils von Personen mit Hochstapler-Selbstkonzept darstellen (Clance, 1985), soll dem Zusammenhang zu diesen beiden Leistungs-Ängstlichkeitsfacetten noch einmal genauer nachgegangen werden: Die Furcht vor Erfolg ist als negative Reaktion auf mit Erfolg in Verbindung stehende Sorgen und Konflikte zu verstehen. Sie hängt nach Clance et al. (1995) zum Teil auch damit zusammen, dass negative Konsequenzen in sozialen Beziehungen oder eine steigende Verantwortlichkeit aufgrund des Erfolgs befürchtet werden. Das von Atkinson (1957) (neben dem Erfolgsmotiv) beschriebene Motiv, Misserfolg zu vermeiden, erklären Heckhausen und Heckhausen (2010) damit, dass dieses dem Schutz des Selbstwerts dient und Selbstwertbelastungen vermeiden soll. Fried-Buchalter (1997) konnte den Zusammenhang des Hochstapler-Selbstkonzepts mit Angst vor Misserfolg an einer Studie mit Vertriebsleitern empirisch belegen. Einen positiven Zusammenhang zwischen dem Hochstapler-Selbstkonzept und Misserfolgsfurcht bzw. negativer Bewertung fanden auch Ross et al. (2001) und Chrisman et al. (1995). Thompson (2004) erklärt das Hochstapler-Selbstkonzept als Fehler vermeidendes Verhaltensmuster, das das Risiko eines Angriffs auf den Selbstwert reduzieren soll. Die Arbeitsgruppe um Thompson betrachtet die hohen Anforderungen an sich selbst bei Personen mit Hochstapler-Selbstkonzept, die mit harter Selbstkritik und Perfektionismus einhergehen, als ursächlich für die stark ausgeprägte Misserfolgsangst (Ferrari & Thompson, 2006; Thompson et al., 1998; Thompson et al., 2000). Interessant sind in diesem Zusammenhang Befunde von Cowman und Ferrari (2002), Ferrari und Thompson (2006), McElwee und Yurak (2007), Ross et al. (2001) sowie Want und Kleitman (2006), die zeigten, dass das Hochstapler-Selbstkonzept mit dem sog. Self-Handicapping zusammenhängt, einer Strategie zum Schutz des eigenen Selbstwerts, bei der eine Person sich vor einer Bewertungssituation ein Handicap verschafft, das ihr bei einem potenziellen Misserfolg als Ausrede dient. Jones und Berglas (1978) beschreiben Self-Handicapping als bewusstes und strategisches Sabotieren und Verhindern persönlichen Erfolgs mit dem Ziel, sich der Verantwortung für Misserfolg zu entziehen. So behindern sich Personen mit Hochstapler-Selbstkonzept in Leistungssituationen möglicherweise selbst, etwa in Form von Prokrastination, um Misserfolge nicht auf die eigene Person zurückführen zu müssen (vgl. auch den Hochstapler-Zyklus Kap. 1, Abbildung 1-3).

Selbstwert

Unter Selbstwert oder auch dem Selbstwertgefühl versteht man die Bewertung, die eine Person von sich selbst, ihren Eigenschaften, ihrem Wissen und ihren Fähigkeiten hat. Es handelt sich hierbei um eine habituelle Haltung im Sinne eines evaluativen Aspekts selbstbezogener Einstellungen.

Nach der Theorie des Psychiaters und Psychotherapeuten Beck (1975), der als Begründer der kognitiven Verhaltenstherapie gilt, wird der Selbstwert stark von Denkprozessen (wie Grundannahmen, automatischen Gedanken, verzerrter Informationsverarbeitung) beeinflusst.

Nach Clance und Imes (1978) ist ein mangelndes Selbstwertgefühl ein zentrales Merkmal des Hochstapler-Selbstkonzepts. Personen mit Hochstapler-Selbstkonzept leiden unter Selbstzweifeln und schätzen ihre Fähigkeiten und Erfolge als gering ein. Verschiedene empirische – auch kulturübergreifende – Untersuchungen hierzu (Chrisman et al., 1995; Kolligan & Sternberg, 1991; Oriel et al., 2004; Ross & Krukowski, 2003; Sonnak & Towell, 2001; Thompson et al., 1998; Thompson et al., 2000; Topping & Kimmel, 1985) zeigten, dass unterschiedliche Instrumente zur Erfassung des Selbstwerts deutliche (negative) Zusammenhänge mit Inventaren zur Erfassung des Hochstapler-Selbstkonzepts aufwiesen. Cozzarelli und Major (1990) gingen sogar so weit, im Hochstapler-Selbstkonzept lediglich einen geringen Selbstwert zu sehen.

In einer Untersuchung an Psychologie-Studierenden differenzierten Thompson et al. (1998) zwischen einem akademischen und einem globalen Selbstwert. Es zeigte sich, dass Studierende mit Hochstapler-Selbstkonzept einen deutlich geringeren Selbstwert aufwiesen, was sowohl den akademischen als auch den globalen Selbstwert betraf. Dies deckt sich mit Befunden von Chae et al. (1995), Harvey (1981) und Topping und Kimmel (1985). Auch Gibson-Beverly und Schwartz (2008) fanden bei weiblichen Studierenden, dass diese – aufgrund ihres defizitären Selbstwerts – nicht in der Lage waren, positives Feedback zu akzeptieren.

Ferner zeigen Schütz und Schröder (2005), dass die nachgewiesene positive, selbstwerterhöhende Wirkung von Erfolg und Anerkennung bei Personen mit Hochstapler-Selbstkonzept nicht zu beobachten ist. Sie weisen auch nach, dass ein geringer Selbstwert mit Angst vor Leistungsanforderungen sowie der Angst zu versagen einhergeht, was ebenfalls bei Personen mit Hochstapler-Selbstkonzept zu beobachten ist (Clance, 1985).

Während Clance und Imes (1978) von einer starken Diskrepanz zwischen selbst- und fremdwahrgenommener Kompetenz bei Personen mit Hochstapler-Selbstkonzept ausgehen, nehmen Leary et al. (2000) an, dass sich Personen mit Hochstapler-Selbstkonzept zwar selbst als unfähig einschätzen, gleichzeitig aber nicht annehmen, dass andere sie als besonders kompetent wahrnehmen, sie folglich also nicht von diesen überschätzt werden, was gut zu dem gering ausgeprägten Selbstwertgefühl passt. Die Ergebnisse dieser Untersuchung zeigen, dass sich Personen mit Hochstapler-Selbstkonzept hinsichtlich verschiedener Merkmale (z.B. intellektuelle und akademische Fähigkeiten) sowohl selbst negativ einschätzen, als auch davon ausgehen, von anderen hinsichtlich dieser Aspekte negativ eingeschätzt zu werden. Anhand ihrer Ergebnisse begründen die Autoren Hochstapler-Gefühle folgerichtig vor allem in der Selbstbewertung betroffener Personen und nicht, wie zuvor angenommen, in der Diskrepanz zwischen Selbstbewertung und vermuteter Fremdbewertung. Vielmehr scheinen Betroffene nach Leary et al. (2000) aufgrund ihrer negativen Selbstbewertung besonders über mögliche negative Bewertungen der eigenen Person bzw. der eigenen Leistungen durch ihre Umwelt besorgt zu sein.

Wenn auch ein starker Zusammenhang zwischen dem Hochstapler-Selbstkonzept und einem geringen Selbstwert besteht, sprechen einige Studien dennoch für eine Differenzierung beider Konstrukte: In Studien, in denen Skalen zur Erfassung des Hochstapler-Selbstkonzepts und des Selbstwerts korreliert wurden (Chrisman et al., 1995), fielen die Korrelationen der Selbstwertinventare untereinander höher aus als in Studien mit der Hochstapler-Selbstkonzept-Skala, was für die Erfassung nicht identischer Eigenschaften spricht. Langford und Clance (1993) vermuten, dass das Hochstapler-Selbstkonzept einen engeren Bereich von Einstellungen und Gefühlen gegenüber der eigenen Person erfasst, als es bei der breiten Messung des Selbstwerts der Fall ist. Neureiter und Traut-Mattausch (2016) schlossen aus einer Untersuchung an Studierenden, dass ein geringer Selbstwert möglicherweise eine Vorbedingung für das Hochstapler-Selbstkonzept darstelle. Da keine Längsschnittuntersuchungen vorliegen, bleibt ungeklärt, wie der Zusammenhang zustande kommt.

Attributionsstil

Da Personen mit Hochstapler-Selbstkonzept Erfolge nicht sich selbst zuschreiben, liegt es nahe, den Zusammenhang des Konstrukts mit Ursachenzuschreibungen bzw. Attributionsprozessen zu untersuchen. Attributionen sind Gedanken bzw. Überzeugungen, die mit dem Streben nach Kontrolle zusammenhängen. Die Attributionstheorie von Heider (1977) befasst sich damit, wie sich Menschen bestimmte Verhaltensweisen oder Ereignisse erklären, wobei sie zwischen internen (innerhalb der Person liegenden) und externen (in der Situation liegenden) Attributionen unterscheidet. Als Attributionsstile oder Kontrollüberzeugungen bezeichnet man bestimmte Neigungen im Hinblick auf die Zuschreibung von Ursachen bereits eingetretener Ereignisse.

Im Bereich der Leistung spielen nach Heider (1977) vier Faktoren bei der Erklärung von Leistungsergebnissen eine Rolle: Begabung, Anstrengung, Schwierigkeit der Aufgabe und Zufall. Sie werden nach bestimmten Gesichtspunkten unterschieden: *Ursache: internal* (z.B. Begabung, Anstrengung) vs. *external* (z.B. Schwierigkeit der Aufgabe, Zufall), *zeitliche Stabilität: stabil* (z.B. Begabung, Schwierigkeit) vs. *instabil* (z.B. Anstrengung, Stimmung, Zufall).

Selbstwertdienlich ist es, Erfolge eher internal/stabil und Misserfolge eher external/instabil zu attribuieren. Personen mit Hochstapler-Selbstkonzept sind durch einen wenig selbstwertdienlichen Attributionsstil in Leistungssituationen charakterisiert (vgl. Chae et al., 1995; Clance, 1985; Clance & Imes, 1978; Clance & O'Toole, 1988; Slighter & Wilson, 2001; Thompson et al., 1998; Topping & Kimmel, 1985): Ihren Erfolg führen sie nicht auf stabile internale Faktoren (z.B. Intelligenz, Wissen, Fertigkeiten), sondern auf instabile externale (z.B. Glück, Beziehungen im Sinne von „Der Prüfer mochte mich") bzw. instabile internale Variablen (z.B. übermäßige Anstrengung) zurück. Somit erklärt sich auch die Furcht, Erfolge nicht wiederholen zu können. Thompson et al. (1998) zeigten darüber hinaus unter Verwendung von Fallvignetten, in denen Leistungsrückmeldungen über Erfolg/Misserfolg gegeben wurden, dass dieser leistungsbezogene Attributionsstil mit selbstbewertenden Affekten wie Scham, Schuld und Erniedrigung einherging. Personen mit Hochstapler-Selbstkonzept haben die Tendenz, Misserfolg internal zu attribuieren und einzelne Misserfolge auf das Gesamt-Selbstkonzept überzugeneralisieren, was für den Selbstwert ungünstig ist (Thompson et al., 1998; Topping & Kimmel, 1985). So wird etwa ein hervorragendes Referat als Versagen erlebt, wenn sich die Person mit Hochstapler-Selbstkonzept dabei einmal versprochen hat, und sie hat das Gefühl, einfach keine Vorträge halten zu können und überhaupt völlig inkompetent zu sein. Der leistungsbezogene Attributionsstil von Personen mit Hochstapler-Selbstkonzept kann als pessimistisch und selbstwerthinderlich beschrieben werden (vgl. auch Brauer & Wolf, 2016).

Selbstwirksamkeit

Mit einem geringen Selbstwert und externalen Attributionsstil bei Leistungen hängt das Konstrukt der Selbstwirksamkeit eng zusammen. Geprägt wurde der Begriff der Selbstwirksamkeit von Bandura (1977) in seiner sozial-kognitiven Theorie. Hierunter ist die Überzeugung einer Person zu verstehen, schwierige Situationen und Herausforderungen aus eigener Kraft erfolgreich bewältigen zu können. Nach Bandura (2001) und Jerusalem (2005) besteht die zentrale Komponente der Selbstwirksamkeit in der persönlichen Einschätzung der Verfügbarkeit von Handlungsmöglichkeiten, die zum Erfolg führen können. Clance (1985) beschreibt, dass Personen mit Hochstapler-Selbstkonzept befürchten, Erfolge nicht wiederholen zu können. Sie haben das Gefühl, hierauf keinen Einfluss zu haben, nicht selbstwirksam zu sein. Das belegt auch eine Studie von Vergauwe et al. (2015), die an Beschäftigten des Finanz-, Rechnungs-, Personal- und Bildungswesens eine Fragebogenuntersuchung durchführten und u. a. nachwiesen, dass eine negative Selbstwirksamkeitserwartung am besten Hochstapler-Gefühle vorhersagen kann. French, Ullrich-French & Follman (2008) postulierten einen deutlichen Zusammenhang zwischen dem Hochstapler-Selbstkonzept und dem Konstrukt der Selbstwirksamkeitserwartung.

Zentrale negative Selbstbewertungen

Die bisher betrachteten Persönlichkeitsmerkmale Neurotizismus, Selbstwert, Attributionsstil und Selbstwirksamkeit, die mit dem Hochstapler-Selbstkonzept zusammenhängen, lassen sich auch unter *zentrale negative Selbstbewertungen* subsumieren. Nach Bono und Judge (2003) stellt das Konstrukt *zentrale Selbstbewertungen* (*core-self-evaluations*) ein übergeordnetes

Persönlichkeitsmerkmal dar, das sich aus den Konstrukten (positiver) Selbstwert, (internale) Kausalattribution, (erwartete) Selbstwirksamkeit und emotionalc Stabilität zusammensetzt. Personen mit hohen Ausprägungen in diesem Konstrukt beurteilen sich als wertvoll, kompetent und effektiv.

Rohrmann et al. (2016) und Vergauwe et al. (2015) wiesen einen deutlichen Zusammenhang zwischen dem Hochstapler-Selbstkonzept und (generell negativen) zentralen Selbstbewertungen sowie deren Teilbereichen nach. Dieses Konstrukt subsumiert damit die Persönlichkeitsmerkmale, die – wie bereits gezeigt wurde – Personen mit Hochstapler-Selbstkonzept charakterisieren: schwach ausgeprägtes Selbstwertgefühl (u.a. Chrisman et al., 1995; Neureiter & Traut-Mattausch, 2016; Rohrmann et al., 2016), geringe Selbstwirksamkeitserwartung (u.a. Vergauwe et al., 2015), externale Kontrollüberzeugung bei Erfolg (u.a. Chae et al., 1995; Thompson et al., 1998) und emotionale Labilität (u.a. Bernard et al., 2002; Ross et al., 2001; Vergauwe et al., 2015).

Diese miteinander zusammenhängenden Eigenschaften halten Personen mit Hochstapler-Selbstkonzept in einem Teufelskreis: Die noch hinzukommende Übergeneralisierung von Misserfolg und die Abwertung von Erfolg und Lob durch andere verhindern, dass das Selbstwertgefühl wachsen kann. Dieser pessimistische Attributionsstil fördert nach Seligmans Theorie der erlernten Hilflosigkeit (Seligman, 1975) auch die Entstehung von Depressionen, wozu ja bekanntlich Personen mit Hochstapler-Selbstkonzept ebenfalls neigen. Es ist von einer wechselseitigen negativen Verstärkung zentraler negativer Selbstbewertungen und des Hochstapler-Selbstkonzepts auszugehen.

Perfektionismus

Personen mit Hochstapler-Selbstkonzept sind objektiv sehr erfolgreich und die bislang betrachteten Persönlichkeitsmerkmale nicht gerade Merkmale, die man mit sehr erfolgreichen Menschen assoziieren würde. Laut Clance (1985) sind sie aber auch – wie bereits beschrieben (siehe Kapitel 1) – durch einen sog. Superfrau-/Supermann-Komplex, hohe Leistungsansprüche und perfektionistisches Verhalten charakterisiert. Personen mit Hochstapler-Selbstkonzept setzen sich unrealistisch hohe Maßstäbe und haben den Anspruch, jede Aufgabe hundertprozentig und fehlerfrei zu bewältigen (Imes & Clance, 1984). Diese Merkmale sind eng mit dem Persönlichkeitsmerkmal

Perfektionismus assoziiert, das nach Flett und Hewitt (2002) sowie Frost, Marten, Lahart und Rosenblate (1990) durch extrem hohe Leistungsstandards, Streben nach Vollkommenheit und überkritische Selbstbewertung definiert wird. Erwartungsgemäß lassen sich auch deutliche Zusammenhänge zwischen dem Hochstapler-Selbstkonzept und Perfektionismus nachweisen (Vergauwe et al., 2015). Kets de Vries (2005) sieht in diesem Persönlichkeitsmerkmal sogar die grundlegende Ursache für die Entwicklung eines Hochstapler-Selbstkonzepts. Auch Sakulku und Alexander (2011) zufolge hat Perfektionismus einen starken Einfluss auf die Entwicklung und Aufrechterhaltung des Hochstapler-Selbstkonzepts.

King und Cooley (1995) wiesen nach, dass die Intensität des Hochstapler-Selbstkonzepts mit der Leistungsmotivation steigt. Thompson et al. (1998) belegten das perfektionistische Denken von Personen mit Hochstapler-Selbstkonzept in Form von hohen Standards der Selbstbewertung, Übergeneralisation einzelner Misserfolge und starker Selbstkritik. So zeigten Thompson et al. (2000), dass Personen mit Hochstapler-Selbstkonzept häufiger als andere Bedenken über Fehler äußern, eine stärkere Tendenz haben, Fehler zu überschätzen, und unzufriedener mit ihrer Leistung sind. Sie ließen Studierende eine einfache Wahrnehmungsaufgabe, den Stroop-Interferenz-Test (Stroop, 1935), durchführen. Die Aufgabe der Probanden ist es hierbei, die Farben dargebotener Farbwörter zu benennen, aber nicht die Wörter zu lesen (vgl. **Abbildung 7-2**).

ROT GELB ROT GRÜN BLAU
GELB BLAU GRÜN ROT GELB
GELB ROT GELB GRÜN BLAU
ROT GRÜN BLAU GELB ROT
BLAU ROT GELB ROT GRÜN
GRÜN BLAU ROT ROT BLAU

Abbildung 7-2: Stroop-Effekt: Die Farben der Wörter müssen so schnell wie möglich benannt werden, wobei ein Verarbeitungskonflikt mit dem automatisierten Lesen der Farbwörter auftritt.

Farbwörter, die nicht ihrer Druckfarbe entsprechen, führen zu längeren Reaktionszeiten und Fehlerzahlen. Dieser sog. Stroop-Effekt tritt auf, weil es zu einem kognitiven Verarbeitungskonflikt kommt, da man geübter darin ist, Wörter zu lesen, als Farben zu benennen.

In der Untersuchung von Thompson et al. (2000) drückten Studierende mit Hochstapler-Selbstkonzept eine starke Sorge aus, Fehler im Stroop-Test zu machen, und überschätzten die Anzahl unterlaufener Fehler. Sie waren unzufriedener als andere Studierende mit ihrer Leistung und befürchteten, von anderen negativ bewertet zu werden.

Dieser Hang von Personen mit Hochstapler-Selbstkonzept zum Perfektionismus wird auch in einer weiteren Studie von Ferrari und Thompson (2006) bestätigt: Hiernach ist es Personen mit Hochstapler-Selbstkonzept wichtig, anderen ein möglichst perfektes Bild von sich zu präsentieren. Diese Tendenz geht auch damit einer, dass Situationen gemieden werden, in denen Unvollkommenheit offenbar werden könnte. Im Gegensatz zu Personen mit hoher Ausprägung in Perfektionismus, die Fehler vor anderen nicht offenlegen würden (Frost et al. 1995), kommunizieren Personen mit Hochstapler-Selbstkonzept ihre Wahrnehmung nicht perfekter Leistung (Ferrari & Thompson, 2006).

Nach Frost et al. (1990) bzw. Hewitt und Flett (1991) stellt Perfektionismus ein multidimensionales Konstrukt dar. Hewitt und Flett (1991) unterscheiden zwischen *Selbstgerichtetem, Außengerichtetem* und *Sozialem Perfektionismus.* Frost et al. (1990) unterscheiden sogar sechs Perfektionismus-Dimensionen *(Persönliche Standards, Organisiertheit, Fehlersensibilität, Handlungszweifel, Elterliche Erwartungen, Elterliche Kritik).* Pannhausen (2016) untersuchte an Studierenden und erfolgreichen Akademikern den Zusammenhang zwischen dem Hochstapler-Selbstkonzept und unterschiedlichen Perfektionismus-Komponenten nach Frost et al. (1990) bzw. Hewitt und Flett (1991). Rund 30 Prozent des Hochstapler-Selbstkonzepts ließen sich durch die Perfektionismus-Facetten von Hewitt und Flett (1991) erklären, wobei den deutlichsten Zusammenhang der *Soziale Perfektionismus* aufwies, der den Glauben kennzeichnet, dass bedeutsame andere Personen einen überhöhten Erwartungsanspruch an die Person hegen und sie das Gefühl haben, diesem entsprechen zu müssen. Ebenfalls hing das Hochstapler-Selbstkonzept deutlich mit dem *Selbstgerichteten Perfektionismus* zusammen, der Tendenz, sich selbst überhöhte Standards zu setzen und eigenes Verhalten streng zu evaluieren bzw. zu kritisieren. Interessanterweise zielten beide Perfektionismus-Facetten auf das Selbst, während der *Außengerichtete Perfektionismus*, also die Tendenz, hohe Anforderungen an andere Personen zu stellen und deren Verhalten streng zu bewerten bzw. zu kritisieren, keinen bedeutsamen Zusammenhang zum Hochstapler-Selbstkonzept aufwies.

Auch mit den von Frost et al. (1990) postulierten Perfektionismus-Dimensionen zeigten sich in der Studie von Pannhausen (2016) deutliche Zusammenhänge zum Hochstapler-Selbstkonzept, was in erster Linie sowohl für *Fehlersensibilität* aus exzessiver Angst davor, Fehler zu begehen, als auch für *Handlungszweifel*, als Zweifel an der Qualität eigener Arbeit, gilt. Aber auch *Elterliche Erwartungen*, die den Glauben beinhalten, dass Eltern Standards setzen, die nicht erreicht werden können, *Elterliche Kritik* als Überzeugung, dass die Eltern bezüglich der Erfüllung ihrer Standards sehr kritisch sind, und *Persönliche Standards* als überhöhte Leistungsansprüche an sich selbst hängen mit dem Hochstapler-Selbstkonzept zusammen. Die Untersuchung der unterschiedlichen Perfektionismus-Facetten hat das Verständnis des Hochstapler-Selbstkonzepts um die Perspektive erweitert, dass Personen mit Hochstapler-Selbstkonzept offenbar auch überzeugt davon sind, dass andere sehr hohe Erwartungen an sie richten, die zu erfüllen sie bestrebt sind. Das passt zu den von Thompson et al. (2000) berichteten sozialen Bewertungsängsten bzw. dem Bedürfnis, von anderen Wertschätzung zu erlangen (Cromwell, Brown, Sanchez-Huceles & Adair, 1990). Personen mit Hochstapler-Selbstkonzept sind der Studie zufolge durch die maladaptiven Facetten des Perfektionismus wie überhöhte eigene Maßstäbe, Abhängigkeit von den (vermeintlichen) hohen Maßstäben anderer, Selbstzweifeln und Angst davor, Fehler zu machen, charakterisiert.

Die verschiedenen Studien validieren die Beobachtungen von Clance (1985), dass Personen mit Hochstapler-Selbstkonzept jeder Leistung ihren Wert aberkennen, die ihrem perfektionistischen Anspruch nicht genügt und die sie daher als enttäuschend empfinden.

Die Verbindung von Perfektionismus und geringer Gewissenhaftigkeit bei Personen mit Hochstapler-Selbstkonzept könnte einerseits deren Arbeitsstile (Perfektionismus vs. Prokrastination) widerspiegeln, wie Chae et al. (1995) es interpretieren, oder sie kommt durch die perfektionistischen Standards zustande, die diese Personen an ihre Arbeitsweise stellen, bzw. reflektieren ihre Tendenz zur Selbstherabwürdigung (vgl. Sakulku & Alexander, 2011).

Stellt das Hochstapler-Selbstkonzept ein eigenständiges Persönlichkeitsmerkmal dar?

Das Hochstapler-Selbstkonzept weist theoretisch und empirisch Zusammenhänge mit einer Reihe etablierter Persönlichkeitskonstrukte auf (vgl. **Abbildung 7-3**).

Vermutlich spielt Neurotizismus als Basismerkmal der Persönlichkeit für die meisten Korrelate des Hochstapler-Selbstkonzepts eine zentrale Rolle. Ein sehr wichtiges Korrelat des Hochstapler-Selbstkonzepts scheinen die mit Neurotizismus zusammenhängenden zentralen negativen Selbstbewertungen zu sein, sodass Cozzarelli und Major (1990) sogar zur Diskussion stellten, ob das Hochstapler-Selbstkonzept lediglich der Ausdruck einer glo-

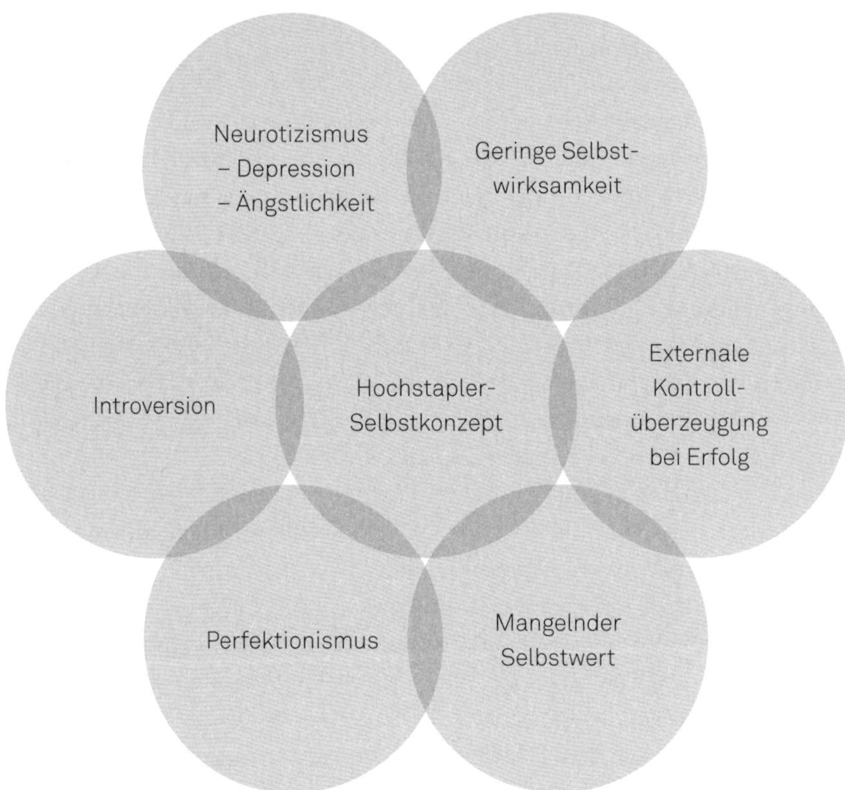

Abbildung 7-3: Das Hochstapler-Selbstkonzept und seine Überlappungen mit anderen Persönlichkeitsmerkmalen.

balen Selbstwertproblematik sei. Eine gewisse Bestätigung hierfür liefern die Daten erfahrener Führungskräfte unterschiedlicher Beschäftigungssektoren von Rohrmann et al. (2016). An einer Stichprobe von Führungskräften konnte eine große inhaltliche Übereinstimmung zwischen dem Hochstapler-Selbstkonzept und dem Konstrukt der zentralen Selbstbewertung nachgewiesen werden. Auch fanden sich in dieser Studie empirisch die theoretisch zu erwartenden Bezüge mit anderen Persönlichkeitsmerkmalen wie Neurotizismus, Ängstlichkeit und Depressivität. In diesem Zusammenhang trägt die Studie von Rohrmann et al. (2016) aber zu einer interessanten Differenzierung dieser Zusammenhänge bei. In ihrer Studie an Führungskräften ergaben sich stark positive Zusammenhänge mit dysphorischer Stimmung, aber nur schwach negative mit Euthymie. Dieses Korrelationsmuster unterscheidet das Hochstapler-Selbstkonzept von den Merkmalen klassischer Depression, die vor allem durch die Abwesenheit positiver Affektivität gekennzeichnet ist. Demzufolge zeichnen sich Personen mit Hochstapler-Selbstkonzept weniger durch die Unfähigkeit aus, zu genießen und Freude zu empfinden, als durch das Unvermögen, ihre Ängste und Sorgen zu kontrollieren. So berichteten sie in hohem Maße von Zweifeln, Sorgen und mangelnder Zuversicht, nicht jedoch von Nervosität und physischer Unruhe.

Der typische Attributionsstil beim Hochstapler-Selbstkonzept ist nur in Leistungssituationen, nicht aber in sozialen Situationen zu beobachten (Thompson et al., 1998; Brauer & Wolf, 2016), was auch für eine Eigenständigkeit des Hochstapler-Selbstkonzepts spricht.

Nach diesen Befunden zu den Persönlichkeitskorrelaten des Hochstapler-Selbstkonzepts spricht einiges dafür, dass Frauen stärker betroffen sein müssten, da sie stärkere Ausprägungen in einer Reihe dieser Persönlichkeitsmerkmale aufweisen. So zeigen Frauen eine höhere Ausprägung in Neurotizismus (Costa, Terracciano & McCrae, 2001; Goodwin & Gotlib, 2004; Lynn & Martin, 1997) und seinen Subfacetten Depression (z. B. Goodwin & Gotlib, 2004; Nolen-Hoeksema, 1987) und Ängstlichkeit (z. B. Feingold, 1994) als Männer. Hiermit verbunden ist auch die ausgeprägtere Leistungsängstlichkeit bei Frauen, die aber nicht nur mehr Angst vor Misserfolg als Männer haben, sondern auch mehr Angst vor Erfolg (Fried-Buchalter, 1997; Jöstl et al., 2012; Miller, 1994). Frauen sind durch einen geringeren Selbstwert als Männer charakterisiert und hiermit zusammenhängend auch durch ein eher ungünstiges Attributionsmuster und geringere Selbstwirksamkeitserwartungen (Kessels, 2002; Kling, Hyde, Showers & Buswell,

1999; Wolter, Kessels & Hannover, 2011), die jedoch nicht auf realen Leistungsunterschieden basieren (Wild & Möller, 2009). Möglicherweise ist gerade der Nachweis, dass kein Zusammenhang des Hochstapler-Selbstkonzepts zum Geschlecht selbst besteht, wohl aber zu einer Reihe von Persönlichkeitsmerkmalen, in denen deutliche Geschlechtsdifferenzen zu verzeichnen sind, als weiterer Hinweis auf die Eigenständigkeit des Konstrukts zu deuten.

Schließlich weist die Studie von Pannhausen (2016) noch darauf hin, dass das Hochstapler-Selbstkonzept nicht einfach mit Perfektionismus gleichzusetzen ist, sondern bei Betrachtung der Subfacetten auffällt, dass es sich hierbei primär um die maladaptiven Facetten des Perfektionismus handelt, wobei perfektionistisches Streben mit der starken Besorgnis, nicht perfekt zu sein, gepaart ist.

Es scheint also beim Hochstapler-Selbstkonzept gewisse Abweichungen von etablierten Konstrukten zu geben. Trotz der Überlappungen des Hochstapler-Selbstkonzepts mit anderen Persönlichkeitsmerkmalen lassen sich wesentliche Anteile nicht allein durch diese Merkmale erklären, was als Hinweis auf eine gewisse Eigenständigkeit des Konstrukts gewertet werden kann. Chrisman et al. (1995) zeigten bereits, dass das Hochstapler-Selbstkonzept gemessen mit der CIPS bzw. PFS zwar substanziell mit Konstrukten wie Depression, Selbstwert, sozialer Angst und Selbstkontrolle korreliert, aber von diesen Konstrukten diskriminierbar ist. Rohrmann et al. (2016) zogen eine konfirmatorische Faktorenanalyse (Bortz & Döring, 2006) heran, um die Diskriminanzvalidität des Hochstapler-Selbstkonzepts zu prüfen. Hiermit kann getestet werden, ob das Hochstapler-Selbstkonzept von theoretisch und empirisch verwandten Konstrukten (Neurotizismus, Depressivität, Ängstlichkeit, zentrale Selbstbewertungen, Perfektionismus) ausreichend differenziert werden kann oder als Facette eines dieser Merkmale einzuordnen ist. Das Hochstapler-Selbstkonzept erwies sich in diesem Verfahren empirisch-statistisch als diskriminant valide.

Das Hochstapler-Selbstkonzept weist einen positiven Zusammenhang mit **Neurotizismus** (und insbesondere seinen Subfacetten Depression und Ängstlichkeit) und **Introversion** auf. Auch besteht ein deutlicher Zusammenhang des Hochstapler-Selbstkonzepts mit **Leistungsängstlichkeit**, die nicht nur durch Angst vor Misserfolg, sondern auch durch Angst vor Erfolg charakterisiert ist. Das Hochstapler-Selbstkonzept geht auch mit einem **geringen Selbstwert** einher. Ferner schreiben Personen mit Hochstapler-Selbstkonzept ihre Erfolge eher instabilen externalen Faktoren (etwa Glück) zu, während einzelne Misserfolge übergeneralisiert und auf stabile internale Faktoren (z.B. Inkompetenz) zurückgeführt werden. Der **ungünstige und verzerrte Attributionsstil** verhindert zusammen mit der Neigung zur Übergeneralisierung auch die Ausprägung eines – den vielen objektiven Erfolgen angemessenen – positiven Selbstwerts und der Internalisierung von Erfolg. So haben Personen mit Hochstapler-Selbstkonzept auch im Sinne einer **geringen Selbstwirksamkeitserwartung** das Gefühl, nicht über Handlungsmöglichkeiten zu verfügen, die zum Erfolg führen.

Personen mit Hochstapler-Selbstkonzept neigen darüber hinaus zum **Perfektionismus**. Im Gegensatz zum funktionalen perfektionistischen Streben sind die Personen mit Hochstapler-Selbstkonzept durch maladaptive Facetten des Perfektionismus wie Handlungszweifel, Fehlersensibilität und Sozialer Perfektionismus und einem Offenbaren vermeintlicher Fehler und damit dysfunktionaler perfektionistischer Sorgen charakterisiert.

Der eher unerwartete negative Zusammenhang mit **Gewissenhaftigkeit** steht möglicherweise im Zusammenhang mit der Perfektionismus-Neigung und der überkritischen Selbstbewertung von Personen mit Hochstapler-Selbstkonzept.

Zentralen negativen Selbstbewertungen und der Neigung zum Perfektionismus wird eine zentrale Rolle bei der Entstehung und Aufrechterhaltung des Hochstapler-Selbstkonzepts zugesprochen. Trotzdem lässt sich das Hochstapler-Selbstkonzept durch keines der verwandten Persönlichkeitsmerkmale oder deren Kombination vollständig ersetzen und ist erwiesenermaßen empirisch-statistisch gesehen als eigenständiges Konstrukt zu betrachten.

Beim Hochstapler-Selbstkonzept handelt es sich um ein komplexes Persönlichkeitskonstrukt, das bei objektiven Leistungserfolgen ein gegenteiliges subjektives Erleben im Rahmen verschiedener maladaptiver Persönlichkeitsfacetten beinhaltet, die mehr als ein Konglomerat etablierter Persönlichkeitsmerkmale darstellen.

8 Welche potenziellen Auswirkungen hat das Hochstapler-Selbstkonzept?

Trotz Erfolg erleben Personen mit Hochstapler-Selbstkonzept Angst, Stress, Selbstzweifel und sind unzufrieden mit ihrer Leistung (Sakulku & Alexander, 2011). Harvey (1981) beschrieb die Auswirkungen des Hochstapler-Selbstkonzepts sehr treffend als Teufelskreis von Emotionen, Gedanken und Handlungen, die sich um vorgetäuschte Erfolge, Angst vor Versagen und Enttarnung drehen. Das Hochstapler-Selbstkonzept beschreibt Verhaltensweisen und Einstellungen, die auf einer Fehlwahrnehmung der eigenen Leistungen und Fähigkeiten beruhen, die – je nach Ausgeprägtheit des Hochstapler-Selbstkonzepts – zum Teil schwerwiegende Konsequenzen haben können, indem sie sich negativ auf das Arbeits-, Karriere- und Führungsverhalten auswirken und das psychische Wohlbefinden bzw. die psychische Gesundheit und die persönliche Entwicklung beeinträchtigen. Die Kombination aus eher ungünstigen Persönlichkeitseigenschaften und dysfunktionalen Arbeitsstilen hat eine Stress fördernde Wirkung, was Personen mit Hochstapler-Selbstkonzept zu einer Risikogruppe für psychische Erkrankungen macht. Die Auswirkungen sind mannigfaltig, wie etwa vermindertes Wohlbefinden (September et al., 2001), unkontrollierbare Angst, emotionale Verausgabung, Verlust intrinsischer Motivation, schlechte Leistung, Scham- und Schuldgefühle (Chrisman et al., 1995; Cowman & Ferrari, 2002; Topping & Kimmel, 1985), schlechte psychische Verfassung (Sonnak & Towell, 2001), Burn-out und Depression (Chrisman et al., 1995).

Im Folgenden soll in diesem Zusammenhang näher auf Auswirkungen des Hochstapler-Selbstkonzepts im Bereich von Ausbildung und Beruf, Führungsverhalten und Arbeitsstilen sowie psychischem Wohlbefinden und psychischer Gesundheit eingegangen werden.

Ausbildung und Beruf

Personen mit Hochstapler-Selbstkonzept fürchten einerseits, dass andere ihre vermeintliche Unfähigkeit entdecken könnten, andererseits weisen sie Lob zurück, externalisieren Erfolge und fühlen sich als Betrüger, wobei sie in permanenter Angst leben, durchschaut zu werden (Kumar & Jagacinski, 2006). Dieses Kognitionsmuster kann zu Beeinträchtigungen im Ausbildungs- und beruflichen Kontext führen und sich negativ auf Leistungen und Erfolg auswirken (Andrews & Wilding, 2004; Chrisman et al., 1995; Jöstl et al., 2012; Surtees, Wainwright & Pharoah, 2002). So meiden Personen mit Hochstapler-Selbstkonzept oft Aufgaben, die ein höheres Risiko des Scheiterns mit sich bringen könnten wie beispielsweise neue oder besonders herausfordernde Tätigkeiten; sie verharren oft eher in Positionen, die unterhalb ihres Leistungsniveaus liegen (Klinkhammer & Saul-Soprun, 2009). Personen mit Hochstapler-Selbstkonzept wählen beispielsweise berufliche Ausbildungsgänge, die nicht ihrem Hauptinteresse entsprechen, sondern solche, denen sie sich gewachsen fühlen. Aus Angst vor Misserfolg bleiben sie oft hinter ihren Möglichkeiten zurück und nutzen ihre Ressourcen nicht aus. Gleiches ist auch im Beruf zu beobachten, wenn etwa Jobangebote ausgeschlagen, Karriere- bzw. Aufstiegschancen nicht wahrgenommen oder Karrierewege abgebrochen werden, weil die Person befürchtet, dass die eigene Unfähigkeit dann offenkundig werden könnte (siehe Fallbeispiel).

Fallbeispiel

Sophie M. arbeitete jahrelang erfolgreich als wissenschaftliche Hilfskraft in der Abteilung Klinische Psychologie an einer Universität. Ihre Masterarbeit bestand sie mit sehr gut, lehnte aber das Angebot des Lehrstuhlinhabers, in dieser Abteilung zu promovieren, ab. Viele Jahre später – sie war inzwischen niedergelassene Psychotherapeutin – gestand sie ihm, dass sie jahrelang befürchtet habe, von ihm als Hochstaplerin entlarvt zu werden. Sie hätte das Gefühl gehabt, ihn jahrelang getäuscht zu haben, und befürchtet, dass bei der Promotion der Schwindel aufgeflogen wäre. Ihr eigentlicher Traum sei eine Hochschulkarriere gewesen, für die es nun zu spät sei.

Führungsverhalten

Wenn Personen mit Hochstapler-Selbstkonzept aus Angst vor Versagen hinter ihren Möglichkeiten zurückbleiben, könnte man annehmen, dass sie es möglicherweise nicht bis in Führungspositionen schaffen. Das ist aber mitnichten der Fall. In der Studie von Rohrmann et al. (2016) waren über 50 Prozent der erfolgreichen Führungskräfte durch das Hochstapler-Selbstkonzept charakterisiert. Führungskräfte sind aufgrund ihrer vorangegangenen Leistungen in ihre jetzigen Positionen gelangt und werden mit Anerkennung, Macht und Status belohnt. Obwohl dies Selbstwirksamkeit und Zutrauen in die eigene Leistung steigern sollte, hat eine Vielzahl von Führungskräften das Gefühl, zu Unrecht in diese Position gelangt zu sein. Bechtoldt (2015) untersuchte nun, ob Führungskräfte mit Hochstapler-Selbstkonzept ihren Mitarbeitenden mit ähnlichem Selbstkonzept anspruchsvolle Aufgaben zutrauen und ihnen damit die Gelegenheit zur Selbstprofilierung geben oder ob sie die Zweifel an der eigenen Kompetenz auf deren Fähigkeiten attribuieren. Dies könnte zur Folge haben, dass sie anspruchsvolle Arbeitsaufgaben eher an Mitarbeitende delegieren, die keine Versagensängste oder Zweifel an der eigenen Leistungsfähigkeit erkennen lassen. Umgekehrt wäre denkbar, dass sie versuchen, diese Mitarbeiter besonders zu fördern und ihnen zu ermöglichen, was sie sich selbst nicht zutrauen. In diesem Falle sollten sie anspruchsvolle Aufgaben bevorzugt an Mitarbeitende mit Hochstapler-Selbstkonzept delegieren. In einer Online-Studie befragte Bechtoldt (2015) dazu Führungskräfte. Hierbei wurden Vignetten in Form von Kurzbeschreibungen von Arbeitsaufgaben (Routineaufgaben bzw. anspruchsvolle Tätigkeiten) sowie Kurzprofile von fiktiven Mitarbeitenden (mit und ohne Hochstapler-Selbstkonzept) verwendet. Minimale Informationen über Merkmale der Mitarbeiter reichten der Führungskraft aus, um zu entscheiden, welche Aufgaben sie an welchen Mitarbeiter delegieren würde: Es zeigte sich, dass Führungskräfte mit Hochstapler-Selbstkonzept stärker dazu neigen, Routinetätigkeiten an (fiktive) Mitarbeiter zu delegieren, die ebenfalls unter Selbstzweifeln in Bezug auf ihre Leistungsfähigkeit litten. Es zeigte sich aber auch bezüglich anspruchsvoller Aufgaben, dass Führungskräfte mit Hochstapler-Selbstkonzept dazu neigten, diese an die Mitarbeitenden *mit* Hochstapler-Selbstkonzept zu delegieren. Obwohl sie befürchten, die Leistungserwartungen anderer nicht erfüllen zu können, vertrauten sie den Fähigkeiten von Personen mit ähnlichen Selbstzweifeln. Die Tendenz von Führungskräften mit Hochstapler-Selbstkonzept, beide Aufgabenarten eher an Angestellte mit leistungsbezogenen Selbstzweifeln zu delegieren, lässt vermuten, dass Führungskräfte mit Hochstapler-Selbstkonzept engere Arbeitsbeziehungen zu denjenigen Mitarbeitern entwickeln, die ihnen – im Sinne der Leader Member Exchange Theory von Graen und Uhl-Bien (1995) – in diesem Persönlichkeitsmerkmal ähneln. Infolgedessen tendieren sie offensichtlich dazu, *alle* Aufgaben eher an diese Mitarbeiter zu delegieren. Gleichzeitig lassen diese Ergebnisse vermuten, dass Mitarbeiter mit Hochstapler-Selbstkonzept von ihren Vorgesetzten mit ähnlichem Selbstkonzept stärker belastet werden und sie unter Umständen auch deshalb von höherem Stress berichten. Bechtoldt (2015) wies auch nach, dass das Aufgabendelegationsverhalten sowohl unabhängig vom Geschlecht der Führungskraft mit Hochstapler-Selbstkonzept als auch vom Geschlecht der Mitarbeitenden war.

Arbeitsstile

Der hohe Anspruch an sich selbst, verbunden mit Zweifeln an den eigenen Fähigkeiten und der Angst, eines Tages zu versagen und von anderen als unfähig betrachtet zu werden, führt bei der Konfrontation mit leistungsbezogenen Aufgaben zu charakteristischen Arbeitsstilen bei Personen mit Hochstapler-Selbstkonzept (vgl. Hochstapler-Zyklus nach Clance, 1985, Kapitel 1): übertriebener Arbeitsaufwand (Perfektionismus) bzw. anfänglich langes Hinausschieben der Arbeit bis hin zur Grenze des noch Bewältigbaren (Prokrastination) und anschließender exzessiver Arbeitseinsatz .

In der Studie an Führungskräften von Rohrmann et al. (2016) konnte für die von Clance (1985) theoretisch postulierten Arbeitsstile ein Zusammenhang mit beiden Strategien (Perfektionismus und Prokrastination) bei Personen mit Hochstapler-Selbstkonzept nachgewiesen werden. Sie zeigten, dass beide Arbeitsstile eng mit der Befürchtung verbunden sind, den Respekt und die Zuneigung der sozialen Umgebung im Falle des Versagens zu verlieren.

Thompson (2004) definiert das Hochstapler-Selbstkonzept als Fehler vermeidendes Verhaltensmuster, das das Risiko eines Angriffs auf den Selbstwert reduzieren soll. King und Cooley (1995) wiesen nach, dass Studierende mit Hochstapler-Selbstkonzept deutlich mehr Stunden außerhalb der Universität in ihr Studium investierten. Prokrastination scheint vordergründig nicht zum Hochstapler-Selbstkonzept zu passen, konnte aber in verschiedenen Studien empirisch belegt werden (Cozzarelli & Major, 1990; Ferrari, 2005; Ferrari & Thompson, 2006, Rohrmann et al., 2016). Die Koexistenz von Perfektionismus und Prokrastination erklärt sich folgendermaßen: Einerseits wird übertriebener Arbeitsaufwand gezeigt, um befürchtetem Misserfolg zu begegnen, aber auch die Umwelt zu beeindrucken (vgl. Ferrari, 1992), da Personen mit Hochstapler-Selbstkonzept in ausgeprägtem Maße um ihre positive Außenwirkung besorgt sind (Langford & Cance, 1993). Andererseits wird Arbeit aufgeschoben, um den ohnehin geringen Selbstwert kurzfristig zu schützen in dem Sinne, dass, wenn etwas nicht angegangen wird, man auch nicht scheitern und potenzieller Misserfolg zudem auf die knappe Vorbereitungszeit anstatt auf fehlende eigene Kompetenz zurückgeführt werden kann. Diese Vermutung wird durch Arbeiten von Cowman und Ferrari (2002), Ross et al. (2001) sowie Want und Kleitmann (2006) gestützt, die einen Zusammenhang zwischen dem Hochstapler-Selbstkonzept und Strategien des sog. Self-Handicappings (Selbstbehinderung, Selbstbeeinträchtigung als Strategie zum Schutz des Selbstwerts) nachweisen konnten. Dieses Verhalten schafft einer Person im Rahmen einer Bewertungssituation ein Handicap, das ihr bei einem Misserfolg als Ausrede dienen kann.

Die vermeintlich protektive Wirkung dieser beiden Arbeitsstile (Prokrastination und Perfektionismus) ist jedoch stark begrenzt, da sie die Internalisierung von Erfolg verhindern und die Hochstapler-Gefühle aufrechterhalten oder sogar verstärken, zumal die Person mit Hochstapler-Selbstkonzept befürchtet, dass Erfolg künftig zu noch höheren Anforderungen und Erwartungen an sie führt (vgl. Clance, 1985).

Zudem ist der verstärkte Arbeitsaufwand im Sinne des Perfektionismus beim Hochstapler-Selbstkonzept auch insofern dysfunktional, als dass mehr Aufwand betrieben wird als notwendig, um ein optimales Arbeitsergebnis zu erzielen. Der Perfektionismus führt häufig dazu, dass Arbeiten unökonomisch viel Zeit beanspruchen. Oft wird unverhältnismäßig viel Aufwand für Unwichtiges oder wiederholte Kontrolle auf Richtigkeit betrieben. Viele Personen mit Hochstapler-Selbstkonzept haben das Gefühl, dass „alles, was sie tun, nichts wert ist, wenn es nicht am Rande der Erschöpfung erreicht wurde" (Klinkhammer & Saul-Soprun, 2009, S. 168). Oft gehen die Bewältigungsstrategien auch mit einem enormen Schlafdefizit und der Vernachlässigung sozialer Kontakte einher. Die Angst vor Misserfolg ist übermächtig, die Vorstellung von Blamage spornt zu immer mehr Leistung und größerer Perfektion an. Wie von prüfungsängstlichen Personen bekannt (vgl. die Theorie von Eysenck, 1992), sind Personen mit Hochstapler-Selbstkonzept durch eine schlechte Verarbeitungseffizienz charakterisiert, die einen Quotienten aus Leistungseffektivität (effektiv erbrachte Quantität/Qualität der geforderten Leistung) und Anstrengung (investierter Aufwand) darstellt. Die Anstrengung steht nicht mehr im Verhältnis zur Leistung, sodass die Verarbeitungseffizienz bei Personen mit Hochstapler-Selbstkonzept gering ist. Schlimmstenfalls werden Arbeiten nie beendet. So reichen Wissenschaftler mit Hochstapler-Selbstkonzept oft Arbeiten nicht ein, da sie sie selbst als zu schlecht bewerten, oder überarbeiten Papers oder Forschungsanträge nicht, zu denen sie zu überarbeitende Kritikpunkte bekommen, die zu einem so starken Gefühl führen, versagt zu haben, dass die Arbeit nicht wieder in Angriff genommen wird. Schließlich kommt es auch häufig dazu, dass Abgabefristen nicht eingehalten und wiederholt verschoben werden. Damit ist die Arbeitsweise oft ineffizient und nicht zielführend.

Unabhängig davon, mit welcher Strategie (Perfektionismus oder Prokrastination) Personen mit Hochstapler-Selbstkonzept ihren Versagensängsten zu begegnen versuchen, führen beide zu einem erhöhten Ausmaß an Belastung durch übermäßigen Arbeitsaufwand bzw. hohen Zeitdruck. Der betriebene Aufwand ist in beiden Fällen völlig überdimensioniert und bringt die betroffene Person an ihre psychischen und körperlichen Grenzen der Belastbarkeit.

Psychisches Wohlbefinden und psychische Gesundheit

Nach Clance (1985) ist das Hochstapler-Selbstkonzept keine pathologische Krankheit, die selbstzerstörerisch wirkt, aber es interferiert mit dem psychischen Wohlbefinden einer Person. So gehen mit dem Hochstapler-Selbstkonzept deutliche Beeinträchtigungen des psychischen Wohlbefindens einher (Henning et al., 1998; September et al., 2001; Sonnak & Towell, 2001). Hierbei spielt zum einen auf der Persönlichkeitsebene die bei diesen Personen generell erhöhte Ausprägung in Neurotizismus mit seinen Subfacetten

Depressivität und Ängstlichkeit eine Rolle, aber auch leistungsbezogene Selbstzweifel und ein ungünstiger Attributionsstil in Verbindung mit einem geringen Selbstwirksamkeitserleben, also insgesamt zentrale negative Selbstbewertungen (u.a. Kammeyer-Mueller, Judge & Scott, 2009). Zum anderen tragen zu einer erhöhten Stressbelastung die bereits beschriebenen Arbeitsstile Perfektionismus und Prokrastination bei. Damit sind Personen mit Hochstapler-Selbstkonzept durch ein dauerhaft erhöhtes Stresslevel und Depression charakterisiert (siehe auch Sakulku & Alexander, 2011). Dementsprechend berichten Personen mit Hochstapler-Selbstkonzept in der Studie an Führungskräften von Rohrmann et al. (2016) auch von einem negativen subjektiven Empfinden und einer hohen Beanspruchung und Belastung durch die Arbeit sowie von mehr Schwierigkeiten, sich in der Freizeit von der Arbeit zu distanzieren und zu erholen. Die mit dem Hochstapler-Selbstkonzept assoziierten maladaptiven Perfektionismus-Merkmale sind häufig auch mit Arbeitssucht verknüpft (Stoeber & Damian, 2016). Chrisman et al. (1995) wiesen nach, dass oftmals unkontrollierbare Angst, emotionale Verausgabung, Verlust intrinsischer Motivation und Schuldgefühle mit dem Hochstapler-Selbstkonzept einhergehen. Nach Clance et al. (1995) leiden Personen mit Hochstapler-Selbstkonzept unter dem starken Verlangen, der/die Beste zu sein, und unter der Scham, nicht perfekt zu sein (vgl. auch Cowman & Ferrari, 2002). Das Hochstapler-Selbstkonzept ist aber nicht nur ein „Luxusproblem" erfolgreicher Personen, welches das psychische Wohlbefinden beeinträchtigt. Es geht mit einer Reihe negativer Auswirkungen und potenziell langfristiger Folgen einher, die die psychische Gesundheit so tangieren, dass Leidensdruck bis hin zum Krankheitswert besteht. Bereits Clance und Imes (1978) berichteten auf der Basis klinischer Fälle von Ängstlichkeit, Depressivität, fehlendem Selbstvertrauen und Frustration bei Personen mit stark ausgeprägtem Hochstapler-Selbstkonzept. Stoeber und Damian (2016) belegten einen Zusammenhang mit maladaptivem Perfektionismus, Arbeitssucht und Burn-out. Das Hochstapler-Selbstkonzept kann sich also unter Umständen in emotionaler Instabilität mit Ängstlichkeit und/oder Depression bzw. Burn-out manifestieren (Chrisman et al., 1995; Clance et al., 1995; Cromwell et al., 1990; Henning et al., 1998; Legassie, Zibrowski & Goldszmidt, 2008; Sonnak & Towell, 2001; Stoeber und Damian, 2016; Topping & Kimmel, 1985; Villwock, Sobin, Koester & Harris, 2016), die dann beratender oder therapeutischer Hilfe bedarf (siehe Fallbeispiel).

Fallbeispiel

Julia S. war nach ihrem Schulabschluss zunächst als Sekretärin in einem mittelständischen Unternehmen beschäftigt. Sie arbeitete sich innerhalb von wenigen Jahren hoch und wurde sogar Teilhaberin des Unternehmens. Sie sammelte eine Reihe von Erfahrungen und Kenntnissen und gründete schließlich erfolgreich ein eigenes kleines Unternehmen. Derzeit beschäftigt sie vier Mitarbeiterinnen und Mitarbeiter und erzielt hohe Gewinne. Wenn sie von Freunden und Bekannten als äußerst kompetent und erfolgreich gelobt wird, ist ihr das unangenehm, und sie betont, dass sie nur durch Hartnäckigkeit und harte Arbeit in diese Position gekommen und der Erfolg des Unternehmens letztlich auf ihren Chef zurückzuführen sei, bei dem sie zunächst als Sekretärin gearbeitet und der sie stets unterstützt habe. Sie befürchtet, eines Tages mit ihrem Unternehmen zu scheitern und ihre Angestellten entlassen zu müssen, da sie sich als gelernte Sekretärin nicht wirklich als kompetent genug erachtet, ein Unternehmen erfolgreich zu führen. Ihre Angst treibt sie an, immer mehr zu arbeiten, sich immer weniger Auszeiten zu nehmen. Schließlich ist Julia chronisch müde, leidet unter Schlafstörungen und Appetitmangel und fühlt sich niedergeschlagen.

Klinischen Beobachtungen von Clance (1985) zufolge motivieren die hohe Angstausprägung, Depression und generelle Lebensunzufriedenheit Personen mit Hochstapler-Selbstkonzept, sich Hilfe zu suchen. Es ist ratsam, Hilfe in Anspruch zu nehmen, wenn erheblicher Leidensdruck besteht und es zu starken Beeinträchtigungen im Alltags- und Arbeitsleben bzw. in sozialen Beziehungen kommt. Bei Personen mit Hochstapler-Selbstkonzept kann es in Folge von Misserfolg zu einer erheblichen psychischen Krise bis hin zu Suizidgedanken kommen. Da sich diese Personen vollständig über Leistung definieren und sie gegebenenfalls sogar das Gefühl, vor anderen versagt zu haben, so stark tangiert, dass sie ihre Existenzberechtigung infrage stellen, sollten sie sich am besten frühzeitig mit der Dysfunktionalität der Gedanken und des Verhaltens auseinandersetzen, um schwerwiegenden Beeinträchtigungen entgegenzuwirken.

Das Hochstapler-Selbstkonzept geht mit einer Reihe negativer Auswirkungen einher: Oftmals bewegen sich Personen mit Hochstapler-Selbstkonzept lieber in ihrem gesicherten Rahmen, als sich neuen Herausforderungen zu stellen, und schöpfen ihr Potenzial in Ausbildung und Beruf infolgedessen häufig nicht aus. Trotzdem gelangt ein großer Teil von Personen mit Hochstapler-Selbstkonzept in Führungspositionen. Das Hochstapler-Selbstkonzept wirkt sich dahingehend auf das Führungsverhalten aus, dass Mitarbeitende mit Hochstapler-Selbstkonzept aufgrund ihrer Ähnlichkeit zum Vorgesetzten sowohl mehr Routinetätigkeiten als auch anspruchsvolle Aufgaben delegiert bekommen. Hierdurch werden Mitarbeitende mit Hochstapler-Selbstkonzept möglichweise stärker belastet als andere, wenn ihr Vorgesetzter ebenfalls ein Hochstapler-Selbstkonzept aufweist.

Das Hochstapler-Selbstkonzept geht mit charakteristischen Arbeitsstilen wie Perfektionismus und Prokrastination einher, die dazu dienen, Misserfolg zu vermeiden und den Selbstwert zu schützen, letztlich aber einen Teufelskreis von Sorgen, Ängsten und Selbstzweifeln aufrechterhalten, der das Hochstapler-Selbstkonzept noch verstärkt und zu einer **erhöhten Belastung und Beanspruchung** dieser Personen führt.

Das Hochstapler-Selbstkonzept geht häufig auch mit einer deutlichen **Beeinträchtigung des psychischen Wohlbefindens und der psychischen Gesundheit** einher, worin sich zum einen die erhöhte Stressbelastung widerspiegelt, zum anderen aber auch die Dauerbelastung aufgrund von Angst vor Versagen und Entlarvung sowie Scham- und Schuldgefühlen. Langfristig können Personen mit starker Ausprägung im Hochstapler-Selbstkonzept eine **emotionale Instabilität, Depressionen und Burn-out** entwickeln.

Der negative psychische Affekt und die erhöhte Stressbelastung bei Personen mit Hochstapler-Selbstkonzept wurden in vielen Studien belegt, wobei offen ist, was hierbei Ursache und Auswirkung ist (Sakulku & Alexander, 2011).

Ob das dauerhaft erhöhte Stresslevel bei Personen mit Hochstapler-Selbstkonzept auch ein erhöhtes Risiko für körperliche Erkrankungen (wie z. B. Bluthochdruck) darstellt, ist bislang nicht beforscht worden.

9 Welche Interventionen sind hilfreich für Personen mit Hochstapler-Selbstkonzept?

Erst durch das Wissen über das Hochstapler-Selbstkonzept, seine Entstehung, sein Zusammenspiel mit anderen Persönlichkeitsmerkmalen und seine Auswirkungen können zielführende Interventionen hergeleitet werden. Diese sollen den Leidensdruck nehmen, Beeinträchtigungen vermindern, den Umgang mit Leistungssituationen ändern und insgesamt zu einer Verbesserung der Lebensqualität der Betroffenen beitragen.

Es ist bekannt, dass das Hochstapler-Selbstkonzept manchmal ohne jegliche Intervention abgemildert wird oder verschwindet, wenn man sich nicht länger in einer Wettbewerbssituation mit Klassenkameraden und Kollegen befindet, sondern in Führungspositionen jüngere Menschen auf ihrem Karriereweg begleitet, man für andere verantwortlich ist und der Fokus weniger auf die eigene Person gerichtet ist (Kaplan, 2009; Klinkhammer & Saul-Soprun, 2009). Auch Harvey (1981) berichtet aus dem Hochschulbereich von sinkenden Werten im Hochstapler-Selbstkonzept mit der Anzahl der an der Universität verbrachten Jahre.

Häufig sind jedoch Interventionen beim Hochstapler-Selbstkonzept notwendig, um negativen Auswirkungen – wie in Kapitel 8 ausgeführt – entgegenzuwirken. Bei allen Selbsthilfe-, Coaching-, Trainings- und Psychotherapiemaßnahmen geht es um die Identifikation und Veränderung dysfunktionaler Gedanken bzw. verzerrter Denkmuster, die Stärkung zentraler positiver Selbstbewertungen und das Verändern bestimmter Arbeitsstile (Perfektionismus bzw. Prokrastination), die mit intensivem Belastungs- und Beanspruchungserleben einhergehen und insbesondere im Arbeitskontext Gegenstand von Personalentwicklungsmaßnahmen sein sollten. Das Hochstapler-Selbstkonzept kann zu erheblichen Beeinträchtigungen des psychischen Wohlbefindens und der psychischen Gesundheit sowie der Leistung und des Erfolgs im Ausbildungs- und Berufskontext führen, sodass sich für das Konstrukt aus gesundheits-, bildungs- sowie arbeits- und organisationspsychologischer Perspektive hochrelevante praktische Folgen ergeben.

Bei leichten Ausprägungen des Hochstapler-Selbstkonzepts kann es völlig ausreichen, ihm aus eigenem Antrieb und mit Selbsthilfemaßnahmen entgegenzuwirken. Hierzu gibt es einige englischsprachige Ratgeber- bzw. Selbsthilfebücher (Harrin, 2011, 2013; Jamese, 2017; Kearns, 2015; Mount & Tardanico, 2014; Young, 2011). Ein deutschsprachiges Buch, das sich mit den Gefahren von Selbstzweifeln für das Privat- und Berufsleben befasst und Strategien für mehr Selbstachtung adressiert, wurde von Lemper-Pychlau (2015) herausgegeben, und Magnet (2018) zeigt Möglichkeiten auf, wie Personen mit Hochstapler-Selbstkonzept gut durchs Leben kommen können.

Mount und Tardanico (2014) geben Betroffenen insbesondere vier Tipps an die Hand, effektiv mit dem Hochstapler-Selbstkonzept umzugehen:

1. *Den Fokus auf die Fakten legen.* Personen mit Hochstapler-Selbstkonzept tun ihren Erfolg häufig als glücklichen Zufall ab. Wichtig ist jedoch, sich alle Fakten ins Gedächtnis zu rufen und so eine Neubewertung seiner Situation und seines Handelns vorzunehmen.
2. *Die begrenzenden Überzeugungen herausfordern.* Es ist wichtig, eigene Fähigkeiten und Fertigkeiten anzuerkennen und anzunehmen. Ein solides Bewusstsein für externe Tatsachen kann oft übermächtige, einschränkende Überzeugungen, die man über sich selbst hegt, herausfordern.
3. *Sich der eigenen Stärken bewusst werden.* Personen mit Hochstapler-Selbstkonzept übersehen oft ihre Stärken und konzentrieren sich stattdessen viel zu sehr auf ihre Schwächen.
4. *Mit anderen darüber sprechen.* Die kompetentesten Menschen sind gut darin, die Stärken und das Fachwissen anderer zu nutzen. Um Hilfe zu bitten, ist kein Zeichen der Schwäche. Hierbei sollten vor allem Mentoren oder Coaches als Ansprechpartner im Vordergrund stehen. Aber auch der Partner/die Partnerin oder Peers und Kollegen können als hilfreiche Ansprechpartner dienen.

Gerade der letzte Hinweis macht deutlich, dass neben diesen praktischen Selbsthilferatschlägen auch Supervision und Coaching als wichtiges Interventionstool im Rahmen des Hochstapler-Selbstkonzepts angeführt werden muss. Dieses ist „insbesondere in der Einstiegs- und Diagnosephase sowie in Krisensituationen deutlich von Psychotherapie abzugrenzen“ (Klinkhammer & Saul-Soprun, 2009, S. 175).

Klinkhammer (2012) betont, dass Beratungsformate wie Supervision und Coaching einen Schutz- und Schonraum für die selbstkritische Reflexion und die Bearbeitung der Probleme des Hochstapler-Selbstkonzepts bieten. Ihrer Meinung nach wirkt das Coaching bei betroffenen Personen in zweifacher Richtung: Zum einen hat es eine sehr entlastende Funktion, wenn die Hintergründe und Emotionen mit dem Fachterminus „Hochstapler-Selbstkonzept“ benannt und analysiert werden können. Betroffene lernen, dass das, was sie erleben, als etwas zu verstehen ist, was nicht nur sie, sondern auch viele andere erfolgreiche Personen betrifft (siehe Fallbeispiel).

Fallbeispiel

Dieter M. ist Fachanwalt für Strafrecht in einer renommierten Anwaltskanzlei in einer größeren Stadt. Da er in Prozessen eine hohe Erfolgsrate aufweist, wird er von Kollegen und Klienten häufig für Strafverteidigungen empfohlen. Doch Dieter M. kann sich darüber nicht freuen, stattdessen gerät er hierdurch extrem unter Druck. Es werden hohe Erwartungen an ihn gestellt, von seinem Erfolg hängt das Schicksal der betroffenen Menschen ab. Er kann sich seinen Erfolg nicht erklären, denkt, dass er Prozesse häufig aufgrund von guten Kontakten zu Richtern und Staatsanwälten gewinne und seine Kenntnisse fachlich eigentlich unzureichend seien. Um seine Prozesse vorzubereiten, investiert er – auf Kosten seiner Freizeit – übermäßig viel Arbeitszeit, leidet an Schlafmangel und vernachlässigt soziale Kontakte. Immer hat er Angst, eines Tages zu scheitern, da es ihm an profunden Kenntnissen fehle und die Personen bei Gericht lediglich auf sein überzeugendes, selbstsicher erscheinendes Auftreten hereinfallen würden. Als seine Frau, für die er sich seit Jahren neben seiner Arbeit kaum Zeit nimmt, droht, ihn zu verlassen, wenn er keine Beratung aufsucht, nimmt er ein Coaching in Anspruch. Zunächst betrachtet er seine Eheprobleme als Kernproblem. Erst nach einiger Zeit realisiert er, wo sein eigentliches Problem liegt und dass es vielen Menschen so geht wie ihm, was für ihn eine sehr große Entlastung darstellt. Hierdurch werden für ihn positive grundlegende Veränderungen seines Arbeits- und Privatlebens bewirkt, ohne dass er beruflich weniger erfolgreich ist als zuvor.

Zum anderen kann im Coaching versucht werden, die mit den Emotionen verbundenen Ressourcen auszuloten. Im Coaching gibt es eine Reihe von gut geeigneten Methoden, um dem Hochstapler-Selbstkonzept zu begegnen. Es empfehlen sich insbesondere Coaching-Strategien zur Stärkung der Selbstwirksamkeit und des Selbstbewusstseins (z. B. Asgodom, 1999).

Beispielsweise führen Klinkhammer und Saul-Soprun (2009, S. 175–176) folgende Coaching-Strategien an: Beim Ansatz des *ressourcen- und lösungsorientierten Coachings* wird der Fokus auf Ressourcen und Stärken anstelle vermeintlicher Defizite gerichtet. Beispielsweise kann anhand der *Säulen der Identität* (vgl. Integrative Therapie von Petzold, 1993) systematisch festgestellt werden, in welchen Bereichen bei der Person mit Hochstapler-Selbstkonzept Ressourcen vorhanden sind, die als Gegengewicht zu defizitär erlebten Bereichen dienen können.

Als *Arbeit mit dem inneren Team* bezeichnen Klinkhammer und Saul-Soprun (2009) den auf der Transaktionsanalyse beruhenden Ansatz, der inneren Stimme des Hochstaplers im Rahmen vielfältiger innerer Stimmen weniger Gewicht zu geben und stattdessen Zugang zu positiveren inneren Stimmen (wie z. B. derjenigen der Kompetenz) zu finden.

Mit dem Ansatz der *Erstellung eines eigenen Kompetenzprofils und einer Potenzialanalyse* etwa im Rahmen einer Personalentwicklungsmaßnahme wird ein Bewusstsein für die Vielschichtigkeit professioneller, fachlicher und sozio-emotionaler Kompetenzen geschaffen mit dem Ziel, das Selbstwertgefühl zu stärken.

Ebenso ist die Arbeit an und mit der *familiären und beruflichen Biografie* empfehlenswert. Hier wird versucht, die Relevanz der Herkunftsfamilie für die Herausbildung des Hochstapler-Selbstkonzepts, das eigene Verhalten und den beruflichen Werdegang zu erarbeiten. Klinkhammer und Saul-Soprun (2009) empfehlen auch die *Arbeit mit Familien- und Systemaufstellungen*, um nachzuvollziehen, welche verborgenen Familienmuster und -lasten die Person mit Hochstapler-Selbstkonzept übernommen hat und wie sich diese auf das eigene Verhalten in aktuellen beruflichen bzw. sozialen Systemen auswirken.

Ein weiterer Ansatz ist nach Klinkhammer und Saul-Soprun (2009) die *Analyse bzw. die Förderung beim gezielten Aufbau sozialer Beziehungen und beruflicher Netzwerke,* da für die berufliche Identität soziale Unterstützung eine zentrale Rolle spiele.

Auch Ansätze des *gesundheitsfördernden Coachings* (z.B. Stressbewältigungstraining, Umgang mit Burn-out) werden bereits erfolgreich bei Personen mit Hochstapler-Selbstkonzept eingesetzt (Klinkhammer & Saul-Soprun, 2009).

Ziel des Coachings ist die Unterstützung der Selbstreflexion der Klienten bei arbeitsbezogenen Fragestellungen, Herausforderungen oder Problemen, um dadurch eine Anregung sowie einen Beitrag zur Lösungsfindung zu leisten (Klinkhammer, 2012). Wird deutlich, dass ein Coachee über ein normales Maß hinaus durch erheblichen Leidensdruck und Beeinträchtigungen gekennzeichnet ist und unter Versagensängsten, Minderwertigkeitsgefühlen usw. leidet und diese möglicherweise von Depressionen oder Burn-out-Symptomen begleitet werden, ist es ratsam, sich an Psychotherapeutinnen oder Fachärzte zu wenden. Da keine spezifische Therapie zur Behandlung von klinischer Symptomatik im Zusammenhang mit dem Hochstapler-Selbstkonzept existiert und die zu ergreifenden therapeutischen Maßnahmen sehr vom spezifischen Einzelfall abhängen, sei an dieser Stelle nur auf die Arbeitsgruppe um Clance verwiesen (Clance, 1985; Clance & Imes, 1978; Clance & O'Toole, 1988; Langford & Clance, 1993), die Empfehlungen hierfür aussprechen. Ihnen zufolge ist eine multimodale Therapie, in der verschiedene Ansätze gleichzeitig verwendet werden, die effektivste Methode, um Denk- und Verhaltensweisen von Personen mit Hochstapler-Selbstkonzept zu verändern. Die zentrale Aufgabe der Psychotherapie sehen Langford und Clance (1993) darin, die Abhängigkeit der Betroffenen von Bewertungen durch andere Personen für das eigene Selbstwertgefühl zu verringern und ein verinnerlichtes Selbstwertgefühl aufzubauen. Insbesondere empfehlen Clance und Imes (1978) sowie Clance (1985) die Gruppe als Behandlungssetting, da es sich bei dem Hochstapler-Selbstkonzept um ein zwischenmenschliches Phänomen handelt und die Gruppe ein relationales Netzwerk bietet, in dem sich gegenseitig leichter eigene Dynamiken sowie Realitätsmängel erkennen lassen und das Wissen um andere Betroffene zu einem Gefühl der Erleichterung führt.

Für vom Hochstapler-Selbstkonzept betroffene Personen kann es völlig ausreichend sein, **Selbsthilfemaßnahmen** umzusetzen.

Andere profitieren eher von **Supervision** und **Coaching** zur Veränderung eingefahrener Denk- und Verhaltensweisen, wobei im Fokus steht, sich von positiven Bewertungen anderer unabhängig zu machen und ein verinnerlichtes Selbstwertgefühl auszubauen. Personen mit Hochstapler-Selbstkonzept sind nicht psychisch krank.

Sollte eine betroffene Person jedoch über ein normales Maß hinaus unter Versagensängsten, Minderwertigkeitsgefühlen bis hin zu Depressionen und Burn-out leiden und die Abweichung des emotionalen oder kognitiven Erlebens so stark sein, dass erheblicher Leidensdruck besteht und es zu starken Beeinträchtigungen im Alltag kommt, ist eine dem jeweiligen Störungsbild angepasste **Psychotherapie** ratsam.

10 Fazit

Das Hochstapler-Selbstkonzept kann als eigenständiges Konstrukt jenseits von breiten grundlegenden Persönlichkeitsmerkmalen und assoziierten spezifischen Persönlichkeitseigenschaften betrachtet werden, auch wenn eine deutliche inhaltliche Nähe zu zentralen negativen Selbstbewertungen und Perfektionismus besteht.

Die Entwicklung eines Hochstapler-Selbstkonzepts ist das Ergebnis einer komplexen Interaktion zwischen Anlage- und Umweltfaktoren, wobei eine bestimmte Persönlichkeitsstruktur sowie eine bestimmte familiäre Sozialisation hierbei eine zentrale Rolle spielen.

Das Hochstapler-Selbstkonzept ist kulturübergreifend weit verbreitet unter erfolgreichen Personen beiderlei Geschlechts, und zwar in verschiedensten beruflichen Sektoren. Es hindert Personen offenbar nicht daran, Erfolg zu haben und in Führungspositionen zu gelangen.

Betrachtet man die Merkmale, die Personen mit Hochstapler-Selbstkonzept charakterisieren (wie emotionale Labilität mit Ängstlichkeit und Depression, Introversion, geringe Gewissenhaftigkeit, geringer Selbstwert, external-instabile Attribution von Erfolg, internale Attribution und Übergeneralisierung von Misserfolgen und geringe Selbstwirksamkeitserwartung), sind das keine Eigenschaften, die mit erfolgreichen Personen und Führungskräften in unserer Gesellschaft in Verbindung gebracht werden. Es stellt sich die Frage, wie es Personen mit Hochstapler-Selbstkonzept dennoch schaffen, erfolgreich zu sein. Das Zusammenwirken verschiedener Faktoren trägt offenbar zu ihrem Erfolg bei: Es handelt sich um außergewöhnlich kompetente Personen, deren Persönlichkeitsmerkmale, die auf den ersten Blick maladaptiv erscheinen, es ihnen ermöglichen, ihre Angst vor Versagen und das Bedürfnis, besonders zu sein, in einen ausgeprägten Antrieb und eine starke Leistungsmotivation umzuwandeln. Sie sind bereit, außergewöhnlich hart zu arbeiten, und auch ihr Hang zu Perfektionismus trägt zu sehr positiven Arbeitsergebnissen bei.

Der Erfolg ist aber hart erkauft, denn letztlich überschreiten Personen mit Hochstapler-Selbstkonzept häufig ihre Grenzen, und die Arbeit nimmt in ihrem Leben einen so großen Platz ein, dass die Work-Life-Balance nicht gegeben ist. Infolgedessen kommt es häufig zu einer starken körperlichen und psychischen Belastung. Verschiedene nachteilige Auswirkungen des Hochstapler-Selbstkonzepts zeigen sich auf Bildungs-, Arbeits- und Organisations- sowie klinischer Ebene, sodass – je nach Ausprägung des Persönlichkeitsmerkmals – mitunter Interventionsmaßnahmen zu ergreifen sind, um Beeinträchtigungen zu vermeiden, Leidensdruck zu nehmen und die Lebensqualität zu steigern. Es gibt verschiedene Wege, das Hochstapler-Selbstkonzept in ein realistisches Selbstkonzept (vgl. **Abbildung 10-1**) zu überführen, sodass Erfolg endlich genossen werden kann, statt hierunter zu leiden.

Abbildung 10-1: Das Hochstapler-Selbstkonzept wurde in ein realistisches Selbstbild überführt.

Literaturverzeichnis

Allport, G.W. & Odbert, H.S. (1936). *Trait-names: A psycho-lexical study*. Albany, NY: Psychological Review Company.

Andrews, B. & Wilding, J.M. (2004). The relation of depression and anxiety to life-stress and achievement in students. *British Journal of Psychology, 95*(4), 509–521. http://doi.org/10.1348/0007126042369802

Asendorpf, J. (2015). *Persönlichkeitspsychologie für Bachelor.* Berlin, Heidelberg: Springer. http://doi.org/10.1007/978-3-662-46454-0

Asgodom, S. (1999). *Eigenlob stimmt. Erfolg durch Selbst-PR*. München: Econ.

Atkinson, J.W. (1957). Motivational determinants of risk-taking behavior. *Psychological Review, 64*(6), 359–372. http://doi.org/10.1037/h0043445

Austin, C.C., Clarke, E.M., Ross, M.J. & Taylor, M.J. (2009). Impostorism as a mediator between survivor guilt and depression in a sample of African American college students. *College Student Journal, 43*(3), 1094–1109.

Bandura, A. (1977). *Social Learning Theory*. Englewood Cliffs, NJ: Prentice Hall.

Bandura, A. (2001). Social cognitive theory: An agentic perspective. *Annual Review of Psychology, 52*(1), 1–26 http://doi.org/10.1146/annurev.psych.52.1.1

Baumeister, R.F., Hutton, D.G. & Tice, D.M. (1989). Cognitive processes during deliberate self-presentation: How self-presenters alter and misinterpret the behaviour of their interaction partners. *Journal of Experimental Social Psychology, 25*(1), 59–78. http://doi.org/10.1016/0022-1031(89)90039-5

BBC News (2016). *Why feeling like a fraud can be a good thing.* Zugriff am 11. Oktober 2017 unter http://www.bbc.com/news/magazine-36082469

Bechtoldt, M.N. (2015). Wanted: self-doubting employees – Managers scoring positively on impostorism favor insecure employees in task delegation. *Personality and Individual Differences, 86,* 482–486. http://doi.org/10.1016/j.paid.2015.07.002

Beck, A.T. (1975). *Cognitive Therapy and the Emotional Disorders.* New York, NY: International Universities Press.

Bernard, N.S., Dollinger, S.J. & Ramaniah, N.V. (2002). Applying the big five personality factors to the impostor phenomenon. *Journal of Personality Assessment, 78*(2), 321–333. http://doi.org/10.1207/S15327752JPA7802_07

Biran, M.W. & Reese, C. (2007). Parental influences on social anxiety: The sources of perfectionism. *Journal of the American Psychoanalytic Association, 55*(1), 282–285. http://doi.org/10.1177/00030651070550010108

Bono, J.E. & Judge, T.A. (2003). Core self-evaluations: A review of the trait and its role in job satisfaction and job performance. *European Journal of Personality, 17*(1), 5–18. http://doi.org/10.1002/per.481

Bortz, J. & Döring, N. (2006). *Forschungsmethoden und Evaluation: Für Human- und Sozialwissenschaftler.* Heidelberg: Springer. http://doi.org/10.1007/978-3-540-33306-7

Bowen, L. (2005, 16. August). Are you suffering from Impostor Syndrome? *Irish Independent*, o.S.

Brauer, K. & Wolf, A. (2016). Validation of the German-language Clance Impostor Phenomenon Scale (GCIPS). *Personality and Individual Differences, 102*, 153–158. http://doi.org/10.1016/j.paid.2016.06.071

Brems, C., Baldwin, M. R., Davis, L. & Namyniuk, L. (1994). The imposter syndrome as related to teaching evaluations and advising relationships of university faculty members. *The Journal of Higher Education, 65*(2), 183–193. http://doi.org/10.2307/2943923

Bussotti, C. (1990). *The impostor phenomen: Family roles and environment.* (Doctoral dissertation, Georgia State University, 1990). Dissertation Abstracts International, *51*, 4041B–4042B

Carroll, J. J. & Robinson, B. E. (2000). Depression and parentification among adults as related to parental workaholism and alcoholism. *Family Journal – Counseling and Therapy for Couples and Families, 8*(4), 360–367. http://doi.org/10.1177/1066480700084005

Caselman, T. D., Self, P. A. & Self, A. L. (2006). Adolescent attributes contributing to the imposter phenomenon. *Journal of Adolescence, 29*, 395–405. http://doi.org/10.1016/j.adolescence.2005.07.003

Castro, D. M., Jones, R. A. & Mirsalimi, H. (2004). Parentification and the impostor phenomenon: An empirical investigation. *American Journal of Family Therapy, 32*(3), 205–216. http://doi.org/10.1080/01926180490425676

Chae, J.-H., Piedmont, R. L., Estadt, B. K. & Wicks, R. J. (1995). Personological evaluation of Clance's Imposter Phenomenon Scale in a Korean sample. *Journal of Personality Assessment, 65*(3), 468–485. http://doi.org/10.1207/s15327752jpa6503_7

Chayer, M.-H. & Bouffard, T. (2010). Relations between impostor feelings and upward and downward identification and contrast among 10- to 12-year-old students. *European Journal of Psychology of Education, 25*(1), 125–140. http://doi.org/10.1007/s10212-009-0004-y

Chrisman, S. M., Pieper, W. A., Clance, P. R., Holland, C.L. & Glickauf-Hughes, C. (1995). Validation of the Clance Impostor Phenomenon Scale. *Journal of Personality Assessment, 65*(3), 456–467. http://doi.org/10.1207/s15327752jpa6503_6

Clance, P.R. (1985). *The impostor phenomenon: Overcoming the fear that haunts your success.* Atlanta, GA: Peachtree.

Clance, P.R. (1988). *Erfolgreiche Versager. Das Hochstapler-Phänomen.* München: Heyne.

Clance, P. R., Dingman, D., Reviere, S. L. & Stober, D. L. (1995). Impostor phenomenon in an interpersonal/social context: origins and treatment. *Women and Therapy, 16*, 79–96. http://doi.org/10.1300/J015v16n04_07

Clance, P. R. & Imes, S. (1978). The Imposter Phenomenon in high achieving women: Dynamics and therapeutic interventions. *Psychotherapy: Theory, Research and Practice, 15*(3), 1–8. http://doi.org/10.1037/h0086006

Clance, P. R. & O'Toole, M. A. (1987). The Imposter Phenomenon: An internal barrier to empowerment and achievement. *Women and Therapy, 6*(3), 51–64.

Costa, P. T., Terracciano, A. & McCrae, R. R. (2001). Gender differences in personality traits across cultures: Robust and surprising findings. *Journal of Personality and Social Psychology, 81*(2), 322-331. http://doi.org/10.1037/0022-3514.81.2.322

Cowman, S.E. & Ferrari, J.R. (2002). „Am I for real?" Predicting impostor tendencies from self-handicapping and affective components. *Social Behavior and Personality: An International Journal, 30*(2), 119–125. http://doi.org/10.2224/sbp.2002.30.2.119

Cozzarelli, C. & Major, B. (1990). Exploring the validity of the impostor phenomenon. *Journal of Social and Clinical Psychology, 9*(4), 401–417. http://doi.org/10.1521/jscp.1990.9.4.401

Cromwell, B., Brown, N., Sanchez-Huceles, J. & Adair, F.L. (1990). The Impostor Phenomenon and personality characteristics of high school honor students. *Journal of Social Behavior and Personality, 5*(6), 563–573.

de Jong-Meyer, R. (2005). Depressive Störungen. In U. Baumann & M. Perrez (Hrsg.), *Lehrbuch Klinische Psychologie – Psychotherapie* (3. Aufl.). Bern: Huber.

Dilling, H., Mombour, W. & Schmidt, M.H. (Hrsg.). (2015). *Internationale Klassifikation psychischer Störungen. ICD-10, Kapitel V (F): Klinisch-diagnostische Leitlinien* (10., überarb. Aufl.). Bern: Hogrefe.

Eagly, A.H. & Karau, S.J. (2002). Role congruity theory of prejudice toward female leaders. *Psychological Review, 109*(3), 573–598. http://doi.org/10.1037/0033-295X.109.3.573

Eysenck, M.W. (1992). *Anxiety: the cognitive perspective*. Hove, UK: Psychology Press.

Feingold, A. (1994). Gender differences in personality: A meta-analysis. *Psychological Bulletin, 116*(3), 429–456. http://doi.org/10.1037/0033-2909.116.3.429

Felson, R.B. (1993). The (somewhat) social self: How others affect self-appraisals. *Psychological Perspectives on the Self, 4,* 1–26.

Ferrari, J.R. (1992). Procrastination and perfect behavior: an exploratory factor analysis of self-presentation, self-awareness, and self-handicapping components. *Journal of Research in Personality, 26*(1), 75–84. http://doi.org/10.1016/0092-6566(92)90060-H

Ferrari, J.R. (2005). Impostor tendencies and academic dishonesty: Do they cheat their way to success? *Social Behavior and Personality, 33*(1), 11–18.

Ferrari, J.R. & Thompson, T. (2006). Impostor fears: Links with self-presentational concerns and self-handicapping behaviours. *Personality and Individual Differences, 40*(2), 341–352. http://doi.org/10.1016/j.paid.2005.07.012

Fiske, D.W. (1949). Consistency of the factorial structures of personality rating from different sources. *Journal of Abnormal Social Psychology, 44*(3), 329–344. http://doi.org/10.1037/h0057198

Flett, G.L. & Hewitt, P.L. (2002). Perfectionism and maladjustment: An overview of theoretical, definitional, and treatment issues. In G.L. Flett & P.L. Hewitt (Eds.), *Perfectionism. Theory, Research, and Treatment* (pp. 5–31). Washington, DC: American Psychological Association.

French, B.F., Ullrich-French, S.C. & Follman, D. (2008). The psychometric properties of the Clance Impostor Scale. *Personality and Individual Differences, 44*(5), 1270–1278. http://doi.org/10.1016/j.paid.2007.11.023

Fried-Buchalter, S. (1997). Fear of success, fear of failure, and the imposter phenomenon among male and female marketing managers. *Sex Roles, 37*(11–12), 847–859. http://doi.org/10.1007/BF02936343

Frost, R.O., Marten, P., Lahart, C. & Rosenblate, R. (1990). The dimensions of perfectionism. *Cognitive Therapy and Research, 14,* 449–468. http://doi.org/10.1007/BF01172967

Frost, R.O., Turcotte, T.A., Heimberg, R.G., Mattia, J.I., Holt, C.S. & Hope, D.A. (1995). Reactions to mistakes among subjects high and low in perfectionistic concern over mistakes. *Cognitive Therapy and Research, 19*(2), 195–205. http://doi.org/10.1007/BF02229694

Fujie, R. (2010). Development of the State Impostor Phenomenon Scale. *Japanese Psychological Research, 52*(1), 1–11. http://doi.org/10.1111/j.1468-5884.2009.00417.x

Gibson-Beverly, G. & Schwartz, J.P. (2008). Attachment, entitlement and the impostor phenomenon in female graduate students. *Journal of College Counseling, 11*(2), 119–132. http://doi.org/10.1002/j.2161-1882.2008.tb00029.x

Goldberg, L.R. (1981). Language and individual differences: The search for universals in personality lexicons. In L. Wheeler (Eds.), *Review of personality and social psychology* (Vol. 2, pp. 141–165). Beverly Hills, CA: Sage.

Goldman, L. (2005, 30. März). Who do you think you are? Big success can make you feel so small. *Chicago Tribune*, o.S.

Goodwin, R.D. & Gotlib, I.H. (2004). Gender differences in depression: the role of personality factors. *Psychiatry Research, 126*(2), 135–142. http://doi.org/10.1016/j.psychres.2003.12.024

Graen, G.B. & Uhl-Bien, M. (1995). The relationship-based approach to leadership: Development of LMX theory of leadership over 25 years: Applying a multi-level, multi-domain perspective. *Leadership Quarterly, 6*(2), 219–247. http://doi.org/10.1016/1048-9843(95)90036-5

Gravois, J. (2007). You're not fooling anyone. *The Chronicle of Higher Education, 54*(11), A1.

Harrin, E. (2011). *Overcoming imposter syndrome. Ten strategies to stop feeling like a fraud at work* (E-Book). The Otobos Group.

Harrin, E. (2013). *Shortcuts to success: Project management in the real world* (2. Aufl.). Swindon: BCS, The Chartered Institute for IT.

Harvey, J.C. (1981). *The impostor phenomenon and achievement: A failure to internalize success.* Unpublished doctoral dissertation, Temple University, Philadelphia.

Harvey, J.C. & Katz, C. (1985). *If I'm so successful, why do I feel like a fake? The impostor phenomenon.* New York, NY: St. Martin's Press.

Heckhausen, J. & Heckhausen, H. (2010). *Motivation und Handeln.* Heidelberg: Springer Medizin Verlag. http://doi.org/10.1007/978-3-642-12693-2

Heider, F. (1977). *Psychologie der interpersonellen Beziehungen.* Stuttgart: Klett.

Henning, K., Ey, S. & Shaw, D. (1998). Perfectionism, the impostor phenomenon and psychological adjustment in medical, dental, nursing and pharmacy students. *Medical Education, 32*(5), 456–464. http://doi.org/10.1046/j.1365-2923.1998.00234.x

Hewitt, P.L. & Flett, G.L. (1991). Perfectionism in the self and social contexts: Conceptualization, assessment, and association with psychopathology. *Journal of Personality and Social Psychology, 60*(3), 456–470. http://doi.org/10.1037/0022-3514.60.3.456

Holmes, S.W., Kertay, L., Adamson, L.B., Holland, C.L. & Clance, P.R. (1993). Measuring the impostor phenomenon: a comparison of Clance's IP Scale and Harvey's IP Scale. *Journal of Personality Assessment, 60*(1), 48–59. http://doi.org/10.1207/s15327752jpa6001_3

Imes, S.A. & Clance, P.R. (1984). Treatment of the impostor phenomenon in high achieving women. In C. Brody (Ed.), *Women working with women* (pp. 75–88). New York, NY: Snapfinger.

Jamese, K. (2017). *You can beat imposter syndrome: Proven effective strategies to help you recognize and overcome your imposter syndrome and fear of being „Exposed"* (Personal Success Books). Independently published.

Janker, K. (2014, 8. Mai). Quälende Angst vor dem Auffliegen. *Süddeutsche Zeitung Online.* Verfügbar unter http://www.sueddeutsche.de/karriere/hochstapler-syndrom-quaelende-angst-vor-dem-auffliegen-1.2030960

Jarrett, C. (2010). Feeling like a fraud. *Psychologist, 23*(5), 380–383.

Jerusalem, M. (2005). Selbstwirksamkeit. In H. Weber & T. Rammsayer (Hrsg.), *Handbuch der Persönlichkeitspsychologie und Differentiellen Psychologie* (S. 438–445). Göttingen: Hogrefe.

Jöstl, G., Bergsmann, E., Lüftenegger, M., Schober, B. & Spiel, C. (2012). When will they blow my cover? The impostor phenomenon among Austrian doctoral students. *Zeitschrift für Psychologie, 220*(2), 109–120. http://doi.org/10.1027/2151-2604/a000102

John, O.P., Naumann, L.P. & Soto, C.J. (2008). Paradigm shift to the integrative Big-Five Trait Taxonomy: History, measurement, and conceptual issues. In O.P. John, R.W. Robins & L.A.

Pervin (Eds.), *Handbook of personality: Theory and research* (pp. 114–158). New York, NY: Guilford Press.

Jones, E.E. & Berglas, S. (1978). Control of attributions about the self through self-handicapping strategies: The appeal of alcohol and the role of underachievement. *Personality and Social Psychology Bulletin, 4*(2), 200–206. http://doi.org/10.1177/014616727800400205

Jones, E.E. & Pittman, T.S. (1982). Toward a general theory of strategic self-presentation. In J. Suls (Ed.), *Psychological perspectives on the self* (Vol. 1, pp. 231–262). Hillsdale, NJ: Lawrence Erlbaum Associates.

Jurkovic, G.J., Thirkield, A. & Morrell, R. (2001). Parentification of adult children of divorce: A multidimensional analysis. *Journal of Youth and Adolescence, 30*(2), 245–257. http://doi.org/10.1023/A:1010349925974

Kamarzarrin, H., Khaledian, M., Shooshtari, M., Yousefi, E. & Ahrami, R. (2013). A study of the relationship between self-esteem and the imposter phenomenon in the physicians of Rasht city. *European Journal of Experimental Biology, 3*(2), 363–366.

Kammeyer-Mueller, J.D., Judge, T.A. & Scott, B.A. (2009). The role of core self-evaluations in the coping process: testing an integrative model. *Journal of Applied Psychology, 94*(1), 177–195. http://doi.org/10.1037/a0013214

Kandler, C., Riemann, R., Spinath, F.M. & Angleitner, A. (2010). Sources of variance in personality facets: a multiple-rater twin study of self-peer, peer-peer, and self-self (dis)agreement. *Journal of Personality, 78*(5), 1565–94. http://doi.org/10.1111/j.1467-6494.2010.00661.x

Kaplan, K. (2009). Unmasking the impostor. *Nature, 459,* 668–469. http://doi.org/10.1038/nj7245-468a

Kearns, H. (2015). *The Imposter Syndrome: Why successful people often feel like frauds.* Glenelg North, AUS: ThinkWell.

Kessels, U. (2002). *Undoing Gender in der Schule. Eine empirische Studie über Koedukation und Geschlechtsidentität im Physikunterricht.* Weinheim: Beltz.

Kets de Vries, M.F.R. (1998). *Führer, Narren und Hochstapler. Die Psychologie der Führung.* Stuttgart: Klett.

Kets de Vries, M.F.R. (2005). The dangers of feeling like a fake. *Harvard Business Review, 83,* 110–116.

King, J.E. & Cooley, E.L. (1995). Achievement orientation and the impostor phenomenon among college students. *Contemporary Educational Psychology, 20*(3), 304–312. http://doi.org/10.1006/ceps.1995.1019

Kling, K.C., Hyde, J.S., Showers, C.J. & Buswell, B.N. (1999). Gender differences in self-esteem: A meta-analysis. *Psychological Bulletin, 125,* 470–500. http://doi.org/10.1037/0033-2909.125.4.470

Klinkhammer, M. (2004). *Supervision und Coaching für Wissenschaftlerinnen.* Dissertation, Wiesbaden, VS Verlag für Sozialwissenschaften.

Klinkhammer, M. (2007). Zwischen C 4 und Hartz IV: Supervision und Coaching für Wissenschaftlerinnen. In N. Tomaschek (Hrsg.), *Perspektiven systemischer Entwicklung und Beratung von Organisationen* (S. 260–275). Heidelberg: Carl-Auer.

Klinkhammer, M. (2012). Das Hochstaplersyndrom bei Promovierenden: Hintergründe, Auswirkungen und Gegenstrategien im Coaching. *Zeitschrift für Beratung und Studium, 7*(2), 59–64.

Klinkhammer, M. & Saul-Soprun, G. (2009). Das „Hochstaplersyndrom" in der Wissenschaft. *Organisationsberatung, Supervision, Coaching, 16*(2), 165–182. http://doi.org/10.1007/s11613-009-0119-7

Kolligian, J., Jr. & Sternberg, R.J. (1991). Perceived fraudulence in young adults: Is there an „impostor syndrome“? *Journal of Personality Assessment, 56*(2), 308–326.

Kruger, J. & Dunning, D. (1999). Unskilled and unaware of it: How difficulties in recognizing one's own incompetence lead to inflated self-assessments. *Journal of Personality and Social Psychology, 77,* 1121–1134. http://doi.org/10.1037/0022-3514.77.6.1121

Kruthaup, K. (2014, 8. Juli). Wenn Menschen unter dem Hochstapler-Syndrom leiden. *Hamburger Abendblatt*, o.S.

Kumar, S. & Jagacinski, C.M. (2006). Impostors have goals too: the impostor phenomenon and its relationship to achievement goal theory. *Personality and Individual Differences, 40,* 147–157. http://doi.org/10.1016/j.paid.2005.05.014

Langford, J. & Clance, P.R. (1993). The Impostor Phenomenon: Recent research findings regarding dynamics, personality and family patterns and their implications for treatment. *Psychotherapy, 30*(3), 495–501. http://doi.org/10.1037/0033-3204.30.3.495

Leary, M.R. (1995). *Self-presentation: Impression management and interpersonal behavior*. Boulder: Westview.

Leary, M.R. & Kowalski, R.M. (1990). Impression management: A literature review and two-component model. *Psychological Bulletin, 107*(1), 34–47. http://doi.org/10.1037/0033-2909.107.1.34

Leary, M.R., Patton, K.M., Orlando, A.E. & Funk, W.W. (2000). The impostor phenomenon: Self-perceptions, reflected appraisals, and interpersonal strategies. *Journal of Personality, 68*(4), 725–756. http://doi.org/10.1111/1467-6494.00114

Legassie, J., Zibrowski, E.M. & Goldszmidt, M.D. (2008). Measuring resident well-being: Impostorism and burnout syndrome in residency. *Journal of General Internal Medicine, 23*(7), 1090–1094. http://doi.org/10.1007/s11606-008-0536-x

Lemper-Pychlau, M. (2015). *Erfolgsfaktor gesunder Stolz. Wie Sie Ihre Selbstzweifel loswerden und Ihr Leben genießen.* Wiesbaden: Springer/Gabler. http://doi.org/10.1007/978-3-658-11006-2

Leonhardt, M., Bechtoldt, M.N. & Rohrmann, S. (2017). All impostors aren't alike – Differentiating the impostor phenomenon. *Frontiers in Psychology, 8*, 1505. http://doi.org/10.3389/fpsyg.2017.01505

Lester, D. & Moderski, T. (1995). The impostor phenomenon in adolescents. *Psychological Reports, 76*(2), 466.

Lynn, R. & Martin, T. (1997). Gender differences in extraversion, neuroticism, and psychoticism in 37 nations. *Journal of Social Psychology, 137*(3), 369–373. http://doi.org/10.1080/00224549709595447

Macha, H. (1992). Wissenschaftlerinnen in der Bundesrepublik. In B. Geiling-Mau, H. Macha, H. Schrutka-Rechtenstamm & A. Vechtel (Hrsg.), *Frauenalltag. Weibliche Lebenskultur in beiden Teilen Deutschlands* (S. 189–214). Köln: Bund-Verlag.

Magnet, S. (2018). *Und was ist, wenn alle merken, dass ich gar nichts kann? Über die Angst, nicht genug zu sein. Das Impostor-Phänomen*. München: mvg Verlag.

Mattie, C., Gietzen, J., Davis, S., & Prata, J.W. (2008). The imposter phenomenon: Self-assessment and competency to perform as a physician assistant in the United States. *The Journal of Physician Assistant Education, 19*(1), 5–12. http://doi.org/10.1097/01367895-200819010-00002

Matthews, G. & Clance, P.R. (1985). Treatment of the Impostor Phenomenon in psychotherapy clients. *Psychotherapy in Private Practice, 3*(1), 71–81. http://doi.org/10.1300/J294v03n01_09

McCormick, C.B. & Barnes, B.J. (2008). Getting started in academia: a guide for educational psychologists. *Educational Psychology Review, 20*(1), 5–18. http://doi.org/10.1007/s10648-007-9058-z

McElwee, R.O. & Yurak, T.J. (2007). Feeling versus acting like an impostor: Real feelings of fraudulence or self-presentation? *Individual Differences Research, 5*(3), 201–220.

McGregor, L., Gee, D. & Posey, K. (2008). I feel like a fraud and it depresses me: The relation between the imposter phenomenon and depression. *Social Behavior and Personality: An International Journal, 36* (1), 43–48. http://doi.org/10.2224/sbp.2008.36.1.43

McIntosh, P. (1985). *Feeling like a fraud*. Wellesley, MA: Wellesley College: Stone Center for Developmental Services and Studies.

Miller, J.R. (1994). Fear of Success. *Journal of the American Academy of Psychoanalysis and Dynamic Psychiatry, 22*(1), 129–136.

Mount, P. & Tardanico, S. (2014). *Beating the Impostor Syndrome*. Greensboro, NC: CCL Press.

Muttarak, R., Hamill, H., Heath, A. & McCrudden, C. (2013). Does affirmative action work? Evidence from the Operation of Fair Employment Legislation in Northern Ireland. *Sociology, 47*(3), 560–579. http://doi.org/10.1177/0038038512453799

Neureiter, M. & Traut-Mattausch, E. (2016). An inner barrier to career development: Preconditions of the impostor phenomenon and consequences for career development. *Frontiers in Psychology, 7*, 48. http://doi.org/10.3389/fpsyg.2016.00048

Nolen-Hoeksema, S. (1987). Sex differences in unipolar depression: Evidence and theory. *Psychological Bulletin, 101*(2), 259–282. http://doi.org/10.1037/0033-2909.101.2.259

Norman, W.T. (1963). Toward an adequate taxonomy of personality attributes: Replicated factor structure in peer nomination personality ratings. *Journal of Abnormal and Social Psychology, 66*(6), 574–583. http://doi.org/10.1037/h0040291

Oriel, K., Plane, M.B. & Mundt, M. (2004). Family medicine residents and the impostor phenomenon. *Family Medicine, 36*(4), 248–252.

Pannhausen, S. (2016). *Vom Gefühl, ein Hochstapler zu sein. Das Impostor-Phänomen in Zusammenhang mit und Abgrenzung zu etablierten Persönlichkeitskonstrukten*. Unveröffentlichte Masterarbeit, Goethe-Universität, Frankfurt am Main.

Petzold, H. (1993). *Integrative Therapie*. Paderborn: Junfermann.

Pinker, S. (2004, 2. Juni). Feeling like a fraud. *Special to The Globe and Mail*, o.S.

Prata, J. & Gietzen, J.W. (2007). The imposter phenomenon in physician assistant graduates. *The Journal of Physician Assistant Education, 18*(4), 33–36. http://doi.org/10.1097/01367895-200718040-00007

Rohrmann, S., Bechtoldt, M.N. & Leonhardt, M. (2016). Validation of the impostor phenomenon among managers. *Frontiers in Psychology, 7*, 821. http://doi.org/10.3389/fpsyg.2016.00821

Ross, S.R. & Krukowski, R.A. (2003). The impostor phenomenon and maladaptive personality: Type and trait characteristics. *Personality and Individual Differences, 34*(3), 477–484. http://doi.org/10.1016/S0191-8869(02)00067-3

Ross, S.R., Stewart, J., Mugge, M. & Fultz, B. (2001). The impostor phenomenon, achievement dispositions, and the five factor model. *Personality and Individual Differences, 31*(8), 1347–1355. http://doi.org/10.1016/S0191-8869(00)00228-2

Sakulku, J. & Alexander, J. (2011). The Impostor Phenomenon. *International Journal of Behavioral Science, 6*(1), 73–92.

Falkai, P. & Wittchen, H.-U. (Hrsg.). (2015). *Diagnostisches und Statistisches Manual Psychischer Störungen DSM-5*. Göttingen: Hogrefe.

Schäfer, A. (2009). Hilfe, die denken, ich bin gut! *Emotion, 1*, 62–65.

Schütz, A. & Schröder, M. (2005). Selbstwertschätzung. In H. Weber & T. Rammsayer, *Handbuch der Persönlichkeitspsychologie und Differentiellen Psychologie* (S. 423–430). Göttingen: Hogrefe.

Seligman, M.E.P. (1975). *Helplessness. On depression, development and death.* San Francisco: Freeman and Comp.

September, A.N., McCarrey, M., Baranowsky, A., Parent, C. & Schindler, D. (2001). The relation between well-being, impostor feelings, and gender role orientation among Canadian university students. *Journal of Social Psychology, 141*(2), 218–232. http://doi.org/10.1080/00224540109600548

Slighter, K.W. & Wilson, M.G. (2001). Correlates of the impostor phenomenon among undergraduate entrepreneurs. *Psychological Reports, 88*(3), 679–689.

Sonnak, C. & Towell, T. (2001). The impostor phenomenon in British university students: Relationships between self-esteem, mental health, parental rearing style and socioeconomic status. *Personality and Individual Differences, 31*(6), 863–874. http://doi.org/10.1016/S0191-8869(00)00184-7

Spinath, B. (2010). Die eingebildeten Schwindler. *Gehirn & Geist, 2*, 24–27.

Steinberg, J.A. (1987). Clinical interventions with women experiencing the imposter phenomenon. *Women and Therapy, 5*(4), 19–26. http://doi.org/10.1300/J015V05N04_04

Stocker, C. (1986, 22. März). Imposter Phenomenon. When even the most successful people vave a gnawing feeling they're fakes. *The Boston Globe*, o.S.

Stoeber, J. & Damian, L.E. (2016). Perfectionism in employees: Work engagement, workaholism, and burnout. In M. Sirois, M. Fuschia & D.S. Molnar (Eds.), *Perfectionism, Health, and Well-Being,* (pp. 265–283). New York: Springer.

Stroop, J.R. (1935). Studies of interference in serial verbal reactions. *Journal of Experimental Psychology, 18*(6), 643–662. http://doi.org/10.1037/h0054651

Süddeutsche Zeitung. (2010, 17. Mai). *„Das hab ich nicht verdient"*. Zugriff am 27.11.2017 unter http://www.sueddeutsche.de/karriere/hochstapler-syndrom-das-hab-ich-nicht-verdient-1.442247

Surtees, P.G., Wainwright, N.W.J. & Pharoah, P.D.P. (2002). Psychosocial factors and sex differences in high academic attainment at Cambridge University. *Oxford Review of Education, 28*(1), 21–38. http://doi.org/10.1080/03054980120113616

Thompson, T. (2004). Failure-avoidance parenting, the achievement environment of the home and strategies for reduction. *Learning and Instruction, 14*(1), 3–26. http://doi.org/10.1016/j.learninstruc.2003.10.005

Thompson, T., Davis, H. & Davidson, J. (1998). Attributional and affective responses of impostors to academic success and failure outcomes. *Personality and Individual Differences, 25*(2), 381–396. http://doi.org/10.1016/S0191-8869(98)00065-8

Thompson, T., Foreman, P. & Martin, F. (2000). Impostor fears and perfectionistic concern over mistakes. *Personality and Individual Differences, 29*(4), 629–647. http://doi.org/10.1016/S0191-8869(99)00218-4

Topping, M. & Kimmel, E. (1985). The imposter phenomenon: Feeling phony. *Academic Psychology Bulletin, 7*(2), 213–226.

Tupes, E.C. & Christal, R.E. (1958). *Stability of personality trait rating factors obtained under diverse conditions* (USAF WADC Tech. Note No. 58–61). Lackland Air Force Base, TX: U.S. Air Force. http://doi.org/10.21236/AD0151041

Tupes, E.C. & Christal, R.E. (1961). *Recurrent personality factors based on trait ratings* (USAF ASD Tech. Rep. No. 61–97). Lackland Air Force Base, TX: U.S. Air Force. http://doi.org/10.21236/AD0267778

Tupes, E.C. & Christal, R.E. (1992). Recurrent personality factors based on trait ratings. *Journal of Personality, 60*(2), 225–251. http://doi.org/10.1111/j.1467-6494.1992.tb00973.x

Vergauwe, J., Wille, B., Feys, M., De Fruyt, F. & Anseel, F. (2015). Fear of being exposed: The trait-relatedness of the impostor phenomenon and its relevance in the work context. *Journal of Business and Psychology, 30*(3), 565–581. http://doi.org/10.1007/s10869-014-9382-5

Villwock, J.A., Sobin, L.B., Koester, L.A. & Harris, T.M. (2016). Impostor syndrome and Burnout among American medical students: a pilot study. *International Journal of Medical Education, 7*, 364–369. http://doi.org/10.5116/ijme.5801.eac4

Want, J. & Kleitman, S. (2006). Imposter phenomenon and self-handicapping: Links with parenting styles and self-confidence. *Personality and Individual Differences, 40*(5), 961–971. http://doi.org/10.1016/j.paid.2005.10.005

Wild, E. & Möller, J. (2009). *Pädagogische Psychologie.* Berlin: Springer. http://doi.org/10.1007/978-3-540-88573-3

Wolter, I., Kessels, U. & Hannover, B. (2011). Geschlechtsspezifische Unterschiede in der Entwicklung des Selbstkonzepts im Grundschulalter. In F. Hellmich (Hrsg.), *Selbstkonzepte im Grundschulalter* (S. 117–132). Stuttgart: Kohlhammer.

Young, V. (2011). *The secret thoughts of successful women: Why capable people suffer from the Impostor Syndrome and how to thrive in spite of it.* New York, NY: Crown Business.

Sachwortverzeichnis

V

W

Z

Die Autorin

Foto: Uwe Dettmar

Prof. Dr. Sonja Rohrmann

1986–1992	Studium der Psychologie an der Justus-Liebig-Universität Gießen
1993–2000	Wissenschaftliche Mitarbeiterin und Promotion an der Justus-Liebig-Universität Gießen in der Abteilung für Differentielle Psychologie
2000–2008	Hochschulassistentin und Habilitation an der Goethe-Universität Frankfurt am Main in der Abteilung für Differentielle Psychologie und Psychologische Diagnostik
2008–2009	Hochschullehrerin an der Technischen Universität Darmstadt, Abteilung für Diagnostik, Intervention und Evaluation
seit 2009	Hochschullehrerin an der Goethe-Universität Frankfurt am Main, Abteilung für Differentielle Psychologie und Psychologische Diagnostik